일의
기본
기본

생활의
기본

100

SHIGOTO NO KIHON KURASHI NO KIHON 100

Copyright ⓒ 2016 Yataro Matsuura

All rights reserved.

Original Japanese edition published by MAGAZINE HOUSE Co., Ltd.

This Korean edition published by arrangement with kihon Inc.,

Tokyo in care of Bunbuku Co., Ltd. Tokyo and Korea Copyright Center, Seoul.

Korean translation copyright ⓒ 2023 by HANALL M&C

일의
기본

생활의
기본

100

마쓰우라 야타로
오근영 옮김

차
례

일의 기본
100

첫 번째 프롤로그

〈생활의 수첩〉의 편집장으로 일하고 있던 저는 한 권 한 권 잡지를 만들면서, 꼭 필요한 것, 불필요한 것, 해야 할 것, 하지 않아야 할 것, 공부해야 할 것, 개선해야 할 것, 도전해야 할 것, 발명해야 할 것 등을 열심히 생각했습니다. 그러면서 성공과 실패를 거듭한 끝에, 내가 나의 기본으로 삼아야 할 것이라고 확신하게 된 목록을 '생활의 수첩 만들기'라는 노트에 기록해 나갔습니다.

그 목록은 날이 갈수록 늘었고 3년 정도 지났을 무렵엔 거의 100가지에 이르게 되었습니다. 그때 문득 깨닫게 되었습니다. 일이란 곧 생활이고, 생활이 바로 일이라는 것을 말입니다. 일과 생활을 따로 떼어 놓고 생각하던 제 머릿속에서 기존의 고정관념을 뒤집을 정도의 새로운 의식이 탄생하고 있었던 것입니다.

일도 생활도 단지 머리를 쓰는 작업만은 아닙니다. 마음을 움직여서 마음껏 즐기고 마음껏 배우는 것입니다. 그리고 일의 기본이란 생활의 기본입니다. 마찬가지로 생활의 기본이란 일의 기본이기도 합니다. 이것이 제가 '생활의 수첩 만들기'를 기록해 나감으로써 깨달은, 아니 발견한 새로운 공부였습니다.

이렇게 하여 저의 작은 수첩이 지금 여러분이 보시는 한 권의 책으로 재탄생했습니다. 『일의 기본, 생활의 기본 100』은 일과 생활의 바탕이 되고 도움을 주는 지혜나 마음가짐입니다. 조용히 간직하고 소중하게 여기는 부적 같은 말들이고 문득 떠오른 행복의 밀어들입니다. 모든 사람이 알았으면 하고 바라게 되는 기쁨을 주는 이야기이자 마음속에 간직하면 나를 지켜주는 생각들입니다. 결국 이 책은 항상 새로운 내가 되기 위한 결심들입니다.

제가 이룬 발견이 여러분의 일과 생활에 도움이 된다면 기쁘겠습니다. 그리고 이 책이 여러분 자신의 '일의 기본, 생활의 기본'을 만드는 계기가 된다면 더욱 좋겠습니다.

기본이 가장 중요합니다.
기본은 반복하면 연마됩니다.
기본은 언제나 나를 돕습니다.

마쓰우라 야타로

하루에 한 가지는 새롭게

'오늘은 무엇을 만들어낼까?'를 의식합시다. 새로운 아이디어든 기존 것들의 정리든, 하루에 한 가지씩 '새로움'을 추가해 봅시다. 지금까지 없었던 뭔가를 만들어내는 것만큼 멋진 일은 없습니다. 조금만 방심해도 우리의 매일은 '새로움'에서 멀어지고, 해야 할 일들의 따분한 반복이 됩니다. 새로움에서 멀어지면 성장은 불가능합니다. 나이가 들어 어떤 분야의 전문가가 되었다면 더욱 필요한 덕목입니다. 하루에 한 가지씩 '새로움'을 만들어야 매일 새로워지는 내가 될 수 있습니다.

001

누구나 알고 있는 것을

유심히 살펴보기

꼭 기억합시다. 누구나 알고 있는 것이야말로 가장 강력한 테마라는 것을. 누구나 알고 있는 것이라고 해서 낡은 것은 아닙니다. 보편적인 것 안에 무한한 새로움이 깃들어 있습니다. 누구나 알고 있는 당연한 것 안에는 '모두가 원하는 것', '모두가 알고 싶은 것'이 담겨 있습니다. 중요한 것은 그 평범한 것들을 바라보는 특별한 눈입니다. 새로운 시선으로 평범한 것들을 소중하게 살펴보기 바랍니다.

우리가 매력이라고 부르는 것

많은 사람들이 적당하다고, 그래서 많은 사람들이 괜찮다고 하는 사람이나 제품은 왠지 시시하다는 생각이 듭니다. 그렇다면 불완전한 부분, 독특한 개성, 인간다운 면에 주목해 보는 건 어떨까요. 그 안에 재미가 숨어 있기 때문입니다. 사람이든 제품이든 재미있고 즐겁지 않으면 사람들은 흥미를 느끼지 않습니다. 야무짐과 반듯함 속에서 배어 나오는 그 사랑스러운 독특함이 우리가 매력이라고 부르는 것입니다.

003

중요한 것은
쓸데없는 일을 하지 않는 것

어떤 기계라도 많은 기능이 탑재되어 있으면 훌륭하다고 합니다. 또 어려운 전문 용어를 섞어가며 이야기를 하면 신뢰성이 있는 것처럼 들리기도 합니다. 그러나 과연 그게 다일까요? 복잡한 논리가 가치를 높인다는 건 착각입니다. 시간을 들이면 질이 향상된다는 것도 오해입니다. 중요한 것은 쓸데없는 일을 하지 않는 것! '무엇을 해야 하는가'가 아니라 '무엇을 하지 말아야 하는가'를 생각해야 합니다. 단순하고 간단한 것일수록 누군가와 공유하기 쉽고, 문제가 발생했을 때 해결도 쉽습니다.

004

간단하게 보이는 것일수록
신중하게

딱히 특별할 게 없는, 간단해 보이는 것일수록 신중하게 접근합시다. '간단하다＝쉽다' 혹은 '간단하다＝가치가 없다'는 논리로 무시하고 있다가는 나도 모르는 사이에 발목을 잡힐지도 모릅니다. 단순한 것일수록 사실은 매우 심오합니다. 원래 복잡하고 어렵게 얽혀 있던 것들을 수천 가지 지혜와 연구를 거듭해 정리해낸 결과가 단순한 어떤 것입니다. '단순하고 간단하기가 더 어렵다'는 것을 꼭 기억해 두기로 합시다.

시간의 여유와 마음의 여유

삶의 질을 높이는 조건 두 가지. 시간의 여유와 마음의 여유입니다. 늘 쫓기는 상황이라면 눈앞의 일을 처리하는 것만으로도 벅차서 삶의 질까지 생각이 미치지 못하게 됩니다. 시간의 여유가 마음의 여유를 만들고, 마음의 여유가 있어야 비로소 플러스 알파의 배려가 가능합니다. 그리고 그 배려가 삶의 질을 높입니다. 어쩌면 우리의 배려가 가장 필요한 곳은 타인이 아니라 우리의 삶일지도 모릅니다. 여유를 갖기 위해서는 어깨의 힘을 빼야 합니다. 시간에 쫓기지 않고 먼 앞날을 바라볼 정도의 여유를 가져야 합니다. 그러면 100퍼센트를 넘어 120퍼센트, 150퍼센트도 목표로 삼을 수 있습니다.

006

일의 끝에는 사람이 있다

어떤 일이라도 항상 '사람'을 상상합시다. 눈앞에 있든 없든 '사람'을 위해 지혜를 짜냅시다. 고객을 직접 상대하는 직업이 아니라 할지라도 모든 일의 끝에는 사람이 있습니다. 그 끝에 있는 사람과 어떻게 관계를 맺을지, 그 관계를 어떻게 개선하고, 나아가 새롭게 할지 궁리하면서, 생산·접객·개선, 이 세 가지를 반복하는 것이 직업의 기본입니다. '일의 끝에 사람이 있다'는 기본을 생각한다면 어떻게 해야 할지가 보일 것입니다.

007

시작은 언제나 제로에서

이미 알고 있는 것, 직접 확인하고 체험한 것은 자신의 재산이고 보물입니다. 그러므로 보이지 않는 곳에 간직해 둡시다. 새로운 뭔가를 할 때 오직 경험에만 의존하면 새로움은 탄생하지 않습니다. 일의 과정이 효율적일 수도 있고, 그 결과가 그럴듯해 보일 수는 있겠지만, 대체로 무난한 것에 그치고 맙니다. 실패를 두려워하지 않고 도전해야 새로운 것을 만들어낼 수 있습니다. 그래야 비로소 배울 수 있고 깊어지고 넓어질 수 있습니다. 이것이 바로 제로에서 시작하는 기쁨입니다. 몇 번이고 반복해서 음미합시다.

꼭 한 번은 멈춰 서기

퍼뜩 어떤 생각이 날 때가 있습니다. '이건 대박이 날 것 같다'는 감촉이 있습니다. 그럴 때 주의해야 합니다! 과거의 성공을 모방하고 있지 않은지 꼭 멈춰 서서 점검합시다. 과거의 성공 패턴에서 다음 성공은 탄생하지 않습니다. 자기 자신을 모방하는 것과 자기다움을 활짝 펼쳐 보이는 것은 전혀 다른 것입니다. 자기다움이란 저 깊은 밑바닥에 숨어 있습니다. 그러니 '이건 성공이야'라는 생각이 들 때 가장 주의해야 합니다. 관성의 법칙은 사물의 운동에만 해당되는 법칙이 아닙니다. 생각도 행동도 가만 내버려두면 관성을 따릅니다.

전례에 의존하지 않기

어떤 주제에 관해 연구하고자 할 때, 어떤 프로젝트를 시작할 때, 어떤 사안에 대해 의사결정을 할 때, 습관처럼 '전에는 어땠지?' 하고 떠올려 보거나 조사하지 않습니까? 전례는 그저 전례일 뿐 절대적인 지침도 모범도 아닙니다. 전례에 매달려 있다가는 어떤 도전도 할 수 없습니다. 설령 변화가 있더라도, 그것은 바람직하지 않은 변화, 나쁘게 말하면 자기모방으로 끝나고 맙니다.

탐구하고 추리하고
가설 세우기

눈앞에 있는 모든 것에 대해 '왜일까?' 생각하고, 상상력을 동원하여 여러모로 추리하고, '만약 이랬다면?' 자기 나름대로의 가설을 세웁니다. '최악의 경우'라는 가설이 있으면 일을 하는 동안 정신적으로 편해집니다. 갑작스럽고 엉뚱한 변화가 생겨도 대응할 수 있습니다. 막상 일이 닥친 순간, '일단 해보자!'라는 과감한 마음가짐도 중요하지만, 늘 그런 건 아닙니다. 탐구와 추리와 가설이 가장 훌륭한 준비입니다.

생각을 해야 할 때는

두 손에 책을

'생각한다'라는 행위는 간단하고도 어렵습니다. 혼자 조용한 곳으로 가 있어도 이런저런 잡념이 생각을 방해합니다. 그럴 때는 책을 읽읍시다. 한 문장 한 문장에 몰입하면서 책의 세계에 빠져들면, 그것을 계기로 집중력이 높아집니다. 그 순간 문득 책에서 빠져나와 생각이라는 것을 시작해 봅니다. 한참 생각에 몰두하다가 지치면 다시 책으로 돌아갑니다. 이런 독서와 사고의 산책을 자주 합시다. 익숙해지면 무릎 위에 책을 펼쳐 놓기만 해도 이 즐거운 생각의 산책이 가능해집니다.

012

무조건 읽기

'무조건 읽는다'는 행위를 기본 중의 기본으로 삼읍시다. 우리는 늘 글자를 대하며 삽니다. 핸드폰 속에도, 영화 자막에도, 광고 전단지에도……. 이 여러 글자들 중에서도 특히 책을 반복해서 읽읍시다. 많은 양을 읽읍시다. 독서란 얼핏 수동적인 행위처럼 보이지만 아주 적극적인 행위입니다. 다른 사람의 인생에 대한 의사(疑似) 체험이기 때문입니다. 책을 읽지 않으면 정신은 퇴화합니다. 망설여질 때, 불안할 때도 책을 읽읍시다. 독서란 상황을 제대로 파악하고 올바른 의사결정을 내리기 위한 가장 좋은 트레이닝입니다.

013

아이디어는
글자로 못 박아 두기

뇌리에 섬광처럼 떠오르는 아이디어란 하늘하늘 날아다니는 깃털만큼이나 덧없는 것. 문득 머리에 떠오른 아이디어나 발상은 아무리 멋진 것이라도 추상적일 수밖에 없습니다. 그러니 나타났다가 사라지고, 빙그르르 방향을 바꿔 공중을 떠돕니다. 어딘가로 날아가 버리지 않도록, 섬광처럼 떠오른 아이디어나 발상은 글자로 못 박아 둡시다. 종이에 써 두면 시각적으로 아이디어가 표현됩니다. 그러면 그 아이디어를 실현하려면 어떤 방향으로 나아가야 하는지도 구체적으로 드러납니다.

014

호주머니에는
항상 다음 계획을

일단 하나의 업무에 착수하면 그 일에 관한 처리가 중심이 됩니다. 물론 지금 맡고 있는 업무는 중요합니다. 그러나 거기에 모든 에너지를 쏟아부어서는 곤란합니다. 현재의 일과 병행하여 꼭 다음 계획을 연구해 둡시다. '부탁합니다'라는 동료의 간절한 요구를 처리하느라 벅차더라도, 다음 계획을 짜고 언제라도 훌쩍 떠날 수 있도록 호주머니에 감춰 둡시다. 다음 계획들로 호주머니가 두툼해지면 어떤 위기가 닥쳐와도 대응할 수 있습니다. 반대로 기회가 찾아온다면 꼭 붙들 수 있습니다.

015

씨
뿌
리
기

오늘 하루를 생산적인 날로 만드는 것이 중요합니다. 뭔가를 처리하고 달성하는 것도 물론 중요하지만, 그와 동시에 씨를 뿌려 둡시다. 매일 열매를 수확하려면 매일 씨 뿌리기가 필요합니다. 지금 당장 눈에 보이는 성과가 나타나지 않는 것, 도움이 될지 그렇지 않을지 여부가 불확실한 것에도 넉넉히 마음을 써야 합니다. 먼 훗날의 중요한 결실을 위해 '매일 씨 뿌리기'라는 투자를 해 둡시다.

016

준비란 준비에
얽매이지 않기 위해 하는 것

여행을 준비할 때, 우리는 목적지, 경로, 시간 등을 꼼꼼하게 설계합니다. 하지만 계획대로 착착 진행되는 여행은 드뭅니다. 일도 마찬가지. 젊은 사람을 상정하고 프레젠테이션을 준비했는데 의외로 나이 든 참석자가 많을지도 모릅니다. 남성과 업무를 논의하게 되는 줄 알았는데 찾아간 담당자가 여성일 수도 있습니다. 그래도 전혀 아랑곳하지 않고 준비한 원고를 읽으면 어떻게 될까요? 준비한 것에 얽매이지 말고 상황에 맞게 이야기를 바꿀 수 있어야 합니다. 역설적이지만 그러기 위해서는 많은 경우의 수를 생각하고 준비해 두어야 합니다. 준비란 그것에 얽매이지 않기 위해 하는 것입니다.

017

스코어보드가 아니라
그라운드를 살펴보기

경기 결과를 안다고 어떤 경기였는지 이해할 수는 없습니다. 업무에서도 결과만 보고 '이건 이랬다', '저건 괜찮다', '여기는 고쳐야 한다'고 단정 짓지 않도록 합시다. 스코어보드에 적혀 있는 경기 결과가 나오기까지 그라운드에서 도대체 무슨 일이 일어났는지를 살펴야 합니다. 자기 눈으로 경기하는 장면을 확인하지 않으면 모든 이야기가 탁상공론이 되고 맙니다.

018

정면으로 마주하기

일을 어떻게 대했느냐에 따라 자신에게 돌아오는 소득은 크게 달라집니다. 정면으로 마주하고 있거나, 조금 비스듬히 있거나, 옆에 나란히 있거나, 스스로 얼마든지 조절할 수 있습니다. 자칫하면 궤도를 벗어날 수도 있습니다. 일의 끝에는 사람이 있다고 했지요. 일과 곧장, 정면으로, 똑바로, 마주하는 태도를 익히도록 합시다. 반듯하게 제대로 상대하지 않는 자세는 상대방에게도 고스란히 전달되기 마련입니다. 그러면 상대는 나를 불안하게 여기거나 상처를 입기도 합니다. 그 상대는 고객일 수도, 가족일 수도, 동료일 수도 있습니다.

한 계단씩 차근차근

계단을 두세 개씩 올라가는 건 빠르기도 하고, 힘차게 뛰어올라 가는 모습이 멋지기도 합니다. 그러나 우리 일과 생활이 계단 오르기는 아닙니다. 그래서 건너뛰기가 훌륭하지만은 않습니다. 업무를 처리할 때는, 서두르지 않고 차분하게 한 계단씩 밟아가는 모습이야말로 멋진 모습입니다. 건너뛰거나 생략하고 싶어지는 기분을 다스리고, 그것을 꾹 참고, 한 걸음씩 나아가야 합니다. 그래야 탈이 나지 않습니다. 또한 배움도 경험도 한 단계 한 단계 차분히 해야 제대로 익힐 수 있습니다.

020

실패하지 않기 위한
3가지 준비

실패하고 싶지 않거든 3가지 준비를 잊지 말아야 합니다. 첫 번째는 일의 순서를 정하고 확인하는 것입니다. 두 번째는 준비를 꼼꼼히 하고 반복해서 점검하는 것입니다. 세 번째는 늘 선수(先手)를 치는 마음입니다. 그래야 일의 흐름에 일의 당사자가 떠밀리는 일이 없습니다. 이렇게 사전준비를 하고 결정적으로 일을 진행하는 단계에서는 열심히, 꼼꼼하게, 정성을 다합니다. '이게 뭐야!' 하고 불만을 터뜨릴 정도로 기본적인 사항이지만, 이 규칙을 지키기란 어렵습니다. 이 규칙만 잘 지키면 일은 나를 배신하지 않습니다.

021

마지막의 마지막까지

지금 자신이 가진 모든 능력을 쏟아부은 '최선'이 완성되었더라도, 그것이 반드시 최종적인 완성인 것은 아닙니다. 항상 개선해 나가야 합니다. 미심쩍은 부분은 몇 번이고 다시 생각하고 수정하는 습관을 가집시다. 이렇게 마지막의 마지막 순간까지 개선해 나가면 내가 생각했던 최선의 '기준'과 내가 다다를 수 있었던 최선의 '차원'이 달라질 것입니다.

거꾸로 시작하기

기일이 없는 것은 업무가 아닙니다. 마감일이나 납품일에 대해 누가 뭐라고 하든, 혹은 담당자인 내게 맡겨 두었다고 하더라도 스스로 적극적으로 기일을 정해 둡시다. 적절한 기일이 정해지면 거기서부터 역산해서 해야 할 일을 하나씩 정리해 봅니다. '이걸 하려면 날짜가 얼마나 필요할까?'를 생각해 놓고 거꾸로 기간을 정하는 것입니다. 그리고 반드시 일정표를 만들어 잘 보이는 곳에 붙여 둡시다. 확실하게 눈으로 확인할 수 있는 시간의 축은 스스로 생각하고 행동하도록 동기를 부여합니다.

023

우선은⋯⋯ 하고 말하지 않기

사소한 버릇이기는 하지만 '우선은……'이라는 말을 입버릇처럼 내뱉지 않도록 주의합시다. '우선은……' 하고 나서 말하게 되는 내용은 최선도 차선도 아닙니다. 말 그대로 미봉책일 뿐입니다. 고쳐 말하게 될 말이라면 오히려 침묵하는 편이 낫습니다. 그리고 그 잠깐의 시간 동안 생각해야 합니다. 회의의 결론에서부터 음료 주문에 이르기까지 '우선은……' 하고 대충 얼버무리는 습관을 없애도록 합시다. 그 입버릇을 떼어 버리지 못하는 한 주위로부터 신뢰받는 사람이 되기란 어렵습니다.

024

행운을 부르는 대답

'대답은 빨리'를 기본 원칙으로 삼읍시다. 악기를 두드리면 바로 소리가 나는 것처럼, 민첩한 반응을 하도록 평소에 자신을 단련해 나갑시다. '지금 말씀드리기가……' 하며 대답을 회피하는 사람들이 있습니다. 꿀 먹은 벙어리가 되어 상대를 답답하게 만드는 사람도 있습니다. 이렇게 하면 기회는 날아가 버릴지도 모릅니다. 모든 일에 있어서 행운은 절묘한 타이밍과 아주 밀접한 관계를 맺고 있습니다.

025

나라는 필터를 포기하지 말기

조직에 오래 속해 있다 보면 사물을 판단하는 필터가 이중이 됩니다. 나 자신이라는 필터와 회사라는 필터이지요. 나는 ○라고 생각하는데, 회사의 판단은 ×일 수 있습니다. 팀워크는 중요하지만 자신의 필터는 포기하지 말아야 합니다. 집단적인 생각에 말려들지 않도록 조심해야 합니다. 설사 채택되지 않더라도 자신의 의견만은 분명하게 밝힌 다음에 결정에 따르도록 합시다. 그것이 진정한 책임의식이며, 이렇게 해야 나중에 후회하는 일도 없습니다.

026

아끼지 말아야 할 것

뭔가를 만드는 것도, 어떤 일을 하는 것도, 그리고 제품을 파는 것도 모두 똑같습니다. 직장에서 업무를 추진할 때 중요한 것은 상사를 비롯한 구성원들이 나를 믿어주고, 나라는 사람의 가치를 알아주는 것입니다. '물건을 팔기에 앞서 우선 나를 팔아라'라는 옛말은 생각할수록 맞는 말입니다. 사람들로부터 신뢰를 받기 위한 행동은 아끼지 마십시오. 사람들로부터 신뢰를 얻으면 어떤 일이든 술술 풀릴 것입니다.

027

성실함 뒤로 피하지 말기

'어쨌거나 성실하다'라는 점만을 중요하게 내세우는 사람이라면 좀 생각해 봐야 할 것 같습니다. 성실함이란 기본 중의 기본이고 최소한 중의 최소한입니다. 거기에 덧붙여 각자의 지혜, 연구, 능력 등을 활용하여 적극적으로 어떤 색을 입혀 나가는지에 따라 업무에서 창출하는 가치는 달라집니다. 오로지 성실하다는 것만을 피난처로 삼지 말고 거기서 한 발 앞으로 내딛는 적극성을 가집시다. 시작은 거기서부터입니다.

028

절대로 변명이 될 수 없는 무능

걸핏하면 '숫자에 약하다', '계산이 서툴다'를 입버릇처럼 되뇌고 있지는 않습니까. 실제로 숫자에 요령부득인 사람이 많습니다. 그러나 타인과 정보를 공유하려면 때로는 정보의 수치화가 불가피합니다. 숫자로 표현할 수 없는 일들도 많지만 숫자로 알 수 있는 것 역시 얼마든지 있습니다. 또한 숫자로만 알 수 있는 것도 있고 숫자가 없으면 아무짝에도 쓸모가 없는 정보도 많습니다. 숫자에 서툴다면서 숫자에서 도망치지 맙시다. 절대로 변명이 될 수 없는 무능입니다.

029

그렇게 계속 피하다 보면……

나이를 먹으면서 책임이 늘어나면 아무 일 없는 것 같아도 부담은 무겁습니다. 부담을 피하기만 하면 중책을 맡을 위치에 올라갈 수 없습니다. 부담이 가볍고 손쉬운 일만 찾다 보면 힘이 쇠약해지고 배움도 없어지고 경박한 사람으로 전락합니다. 내 앞에 닥친 일이 부담스러울지 모르지만, 감당할 수 없는 짐은 아니라고 생각합시다. '하고 싶지 않아' 하며 피하지 맙시다. 그렇게 계속 피하다 보면 사람들이 피하는 사람이 됩니다.

030

못한다고 말하지 않기

'못하겠다'라는 대답은 까만색 사인펜처럼 '할 수 있는 가능성'을 뭉개 버립니다. 상사가 어려운 일을 지시했을 때 '저는 못합니다'라고 대답하기 전에 '어떻게 하면 될까', '언제 할 수 있을까'를 생각해 봐야 합니다. 그렇게 생각하고 얻게 된 해답을 입에 올려야 합니다. 그러기 전에 '못합니다'라고 말해 버리는 것은 가능성의 싹을 잘라 버리는 것과 같습니다. 이런 사람은 성장할 수 없고 나중에는 아무 일도 맡지 못할 것입니다.

031

역량과 한계의 알맞은 균형

자신의 역량을 아는 것은 중요합니다. 하지만 역량과 한계는 다릅니다. 물리적인 시간, 체력, 갖고 있는 것, 교류하고 있는 사람 등을 체크하는 것은 필요하지만, 역량의 크기를 지레 정해 놓고 한계를 설정하기 시작하면 할 수 있는 일도 못하게 됩니다. 자신의 역량에 대해서는 성숙한 어른처럼, 한계에 대해서는 한참 자라나는 아이처럼 대처하는 것이 알맞은 균형입니다.

032

아무리 정당하다고 해도

뭔가 문제가 생기면 자기도 모르게 방어 자세가 됩니다. 문제에서 거리를 두고 나면 그 다음에는 불평이 터져 나옵니다. '왜 이런 꼴을 당해야 하지?' 정당한 불평도 있습니다. 그러나 아무리 정당하다고 해도 불평만 하고 있으면 문제를 해결할 힘은 생기지 않습니다. 무슨 일이 일어나면 스스로 움직이도록 합시다. 문제를 해결할 때까지 불평은 나중으로 미룹니다. 입술을 꾹 다물고.

033

실속 없는 욕심

욕심을 내서 이것저것 바라게 되면, 그 욕심 때문에 쓸데없는 언동을 하게 되고 무리가 생깁니다. 이렇게 해서 자신의 욕망대로 많은 것을 얻을 수 있을지 모르지만, 그 만족 역시 대개는 일시적인 것에 지나지 않습니다. 즉 욕심을 내서 억지로 얻은 것에는 실속이 없습니다. 자신에게 딱 적당한 정도 이상으로 바라지 말아야 합니다. 그래야 견실하게, 후회 없이 살아갈 수 있습니다.

034

일석이조란 우주의 테스트

'일석이조잖아'라는 생각이 들면 일단 덤벼들지 않
겠다고 작심해 둡니다. 이것은 어찌 보면 세상을 사
는 예의이고 자신을 지키는 지혜입니다. 기회는 앞으
로도 찾아올 테니까 '이쪽과 저쪽, 어느 방식으로 해
도 아무도 책망하지 않는' 적절한 상황이 올 것입니
다. 일석이조란 우주의 테스트이고 시험당하는 때입
니다. 일석이조의 의미를 달리 해석하면 돌을 한 번
던져서 고작 새 두 마리를 잡는 것입니다. 어마어마
한 성공을 한 사람은 오직 하나를 잡는 신중함을 알
고 있습니다.

035

이거다 싶은 볼이 왔을 때

스윙을!

백발백중 안타를 칠 수 있는 야구선수는 없습니다. 모든 공에 안타를 치겠다고 덤벼들지 않고 자신이 칠 수 있는 적절한 공을 아는 선수가 유능한 선수입니다. 자신 있는 일, 세상에 도움이 될 만한 일, 상대의 기대에 부응할 수 있는 일이 어떤 것인가를 파악하고, 이거다 싶은 볼이 왔을 때 스윙을 합니다. '뭐든 하겠습니다!'라고 말하는 것은 '아무 것도 할 수 없습니다!'라는 선언과 같습니다.

036

실패는 흐지부지 사라진다

대부분의 실패는 자연 소멸하고 흐지부지 사라집니다. 이루려고 했던 일이 이루어지지 않아 없던 일이 되어 버리기 때문입니다. 그래서 실패를 잊으면 똑같은 실수를 반복하게 되는 것입니다. 그러니까 분명하게 '실패했다!'고 인정해야 합니다. 그리고 그 실패를 마치 아주 진귀한 성공 사례처럼 샅샅이 연구해야 합니다. 원인을 연구하면 실패의 유형을 알 수 있고, 따라서 더 이상 똑같은 실수를 하지 않게 됩니다. '왜 잘 된 거지' 하고 분석하는 것보다 '왜 잘 안 됐지' 하는 분석이 앞으로의 성공 확률을 높이는 비결입니다.

037

슬그머니 사라지지 말기

'안녕하세요. 반갑습니다'라는 인사는 잘하는데 '그럼 이만, 안녕'을 잊습니다. 시작은 의식해도 마지막이 대충이고 건성인 경우가 종종 있습니다. 끝도 시작처럼 똑같이 중요합니다. 회의 같으면 결론을 확실히 내야 합니다. 작업의 경우라면 결과와 성과를 내야 합니다. 마지막에 온 마음을 다해야 합니다. 그것이 '끝까지'의 책임입니다. 고객이 됐든 동료가 됐든, 사람과의 관계도 마찬가지입니다. 간단한 술자리든 협업이든 똑같습니다. 슬그머니 사라져 버리는 게 아니고 자신이 뚜렷하게 끝의 마침표를 찍고 마무리해야 합니다.

038

나이를 먹을수록
더 많이 질문하기

모르면 물어봅니다. 알고 있는 것도 때로는 물어봅니다. 겸손하고 솔직하다면 사람들은 뭐든지 가르쳐줄 것입니다. 나이를 먹을수록 더욱 그렇습니다. 많은 질문을 해야 합니다. 질문이란 남에게 배우는 기술이며 일의 질을 높이는 비결입니다. 모든 일의 대답은 사람이 갖고 있습니다. 자신의 내면에 숨은 창조성을 꺼내서 스스로 해결하는 경우보다 질문해서 알아내는 경우가 많습니다.

주저하지 말고 도움 청하기

'도저히, 아무리 노력해도 나는 할 수 없어!' 자기 혼자 기를 쓰고 모든 일을 처리하려 하지 맙시다. 그 일을 전문적으로 오랫동안 하고 있는 사람에게 도움을 청합시다. 귀중한 지혜와 힘을 빌려달라고 합시다. 그러면 어려운 일도 순조롭게 해결할 수 있습니다. 그리고 도움을 준 사람이 보람을 느낄 수 있도록 꼭 배려합시다. 작은 선물도 좋고, 진심이 담긴 감사의 말도 좋습니다. 전전긍긍하는 동안, 망설이는 동안 아무것도 해결되지 않습니다.

040

외부인의 참견에 귀 기울이기

'관계도 없으면서 쓸데없는 말은 하지 말아 주십시오', '아무 것도 모르면 참견하지 마십시오' 이런 말이 오가는 프로젝트는 쉽게 벽에 부딪히기 마련입니다. 외부인의 관점은 중요합니다. 선입견도 예비지식도 없는 객관적인 의견과 조언을 받아들임으로써 비로소 아이디어가 풍부해지고 기획이 입체적인 것으로 바뀝니다. 거리가 있는 사람의 솔직한 의견에 귀를 기울이는 여유는 필수입니다.

041

일의 지도 그리기

등산을 하려고 한다면 일정표를 만들고 산행코스를 그릴 것입니다. 일에서도 마찬가지입니다. 시각화하여 눈으로 확인해 두는 건 중요합니다. 여행을 할 때도, 정리정돈을 할 때도, 뭔가를 배울 때도, 어떤 프로젝트를 세웠다면 종이에 적어 봅시다. 알아보기 쉽게 정리가 되었다면, 이번엔 프로젝트를 진행해가는 과정, 말하자면 '일의 지도'를 그립니다. 그러면 지도가 말해줄 것입니다. 무리 없이 해낼 수 있는지 없는지 말입니다. 꼭 종이 위에 쓰고 그리고 바라보고 검토하도록 합니다.

관계의 숫자보다는
관계의 밀도

인맥을 많이 만들수록 좋은 거라며 닥치는 대로 명함을 모으는 시대는 이미 지났습니다. '명함을 보고도 얼굴이 떠오르지 않는' 사람은 정리해 나가야 합니다. 관계가 넓어질수록 관계의 밀도는 희박해집니다. 전에는 '필요할 때 도움을 받기 위해' 명함을 받아두었는지 모르지만, 요즘처럼 인맥을 만들기 쉬운 시대는 일찍이 없었습니다. 또한 필요할 때 필요한 전문가를 만나러 갈 수 있는 방법은 얼마든지 많습니다. 관계의 넓이보다는 관계의 밀도에 신경 쓰십시오.

043

다음 사람 생각하기

신문이 헌 '신문지'가 되는 건 읽을 사람이 없어졌을 때입니다. 내가 다 읽고 나서 다음에 또 읽을 사람이 있다면 그 신문은 새것처럼 깨끗해야 합니다. 다음 사람이 기분 좋게 읽을 수 있도록, 회사에서도 집에서도 호텔 로비에서도 신문을 반듯하게 접어서 제자리에 둡시다. 쓰레기를 버릴 때는 쓰레기를 수집하는 사람을, 화장실을 사용할 때는 다음에 들어올 사람을, 그 사람이 누가 되었든 언짢은 기분이 되지 않도록 배려해야 합니다. 사소하지만 잊어서는 안 되는 일입니다.

044

마음도 걸음도 가볍게 !

바쁘게 살다 보면 주위에 대해서는 무관심해지기 쉽습니다. '뭐지?' 싶으면서도 보고도 못 본 척하거나 '나랑 관계없어' 하고 그대로 지나칩니다. 이런 일이 반복되다 보면 나의 세계는 점점 좁아지고 어두워집니다. 나와 관계가 없는 일은 아무 것도 없습니다. 내가 뭔가를 할 수 있는 것은 모두 누군가의 덕분입니다. 오히려 적극적으로 사람들에게 말을 걸어봅시다. 마음도 걸음도 가볍게!

045

글이건 말이건
재미있고 아름답게

용건만으로, 요점만으로 모든 일이 순조로울 리 없습니다. 전달하는 방식이 재미있어야 합니다. 같은 업무메일이라도 센스 있는 한 마디를 덧붙이면, 그 의도가 훨씬 깊이 전달됩니다. 기획서는 내용이 가장 중요하지만 레이아웃을 보기 좋게 하면 더욱 훌륭해집니다. 또한 문장의 맛깔스러움은 내용을 더욱 인상적으로 만들고 전달을 빠르게 만듭니다. 사람은 재미있는 것과 아름다운 것에 끌리게 마련입니다. 글이건 말이건 재미있고 아름다워야 합니다.

046

그림연극 가설 세우기

프로젝트를 시작하기 전에는 가설을 세웁니다. 그리고 그 가설을 그림연극(하나의 이야기를 여러 장의 그림으로 구성하여 한 장씩 설명하면서 보여주는 연극)처럼 만들어 봅시다. 손으로 그린 그림과 메모로 이루어진 그 연극이 재미있는지 여부로 일이 순조롭게 풀릴지를 탐색합니다. 말하자면 기승전결입니다. 첫 번째 페이지는 '프로젝트의 입안'이라는 이야기로. 두 번째 페이지는 '입안을 받아들인 다음 해야 할 일'. 세 번째 페이지는 '생각지도 못한 사태' 혹은 '누군가를 끌어들이는 일'이기도 합니다. 네 번째 페이지의 '결말'도 생각합니다. 가설을 그림연극으로 만들면 이해가 깊어지고 다른 사람에게 설명하기 쉽고 프로젝트에 리듬이 생깁니다.

정보 공유의 3박자

팀 업무의 기본이 뭘까요? 독립된 한 사람 한 사람이 서로 의존하지는 않지만 협력하면서 같은 방향으로 나아가는 것입니다. 대개의 업무는 팀으로 이루어지고 팀은 이런 식으로 움직여 갑니다. 팀원들끼리 잊지 않고 정보를 공유합시다. '그건 어떻게 되어가고 있지?' 하고 다른 팀원이 불안하게 여기기 전에 보고합시다. '뭐지?' 하고 누군가를 제쳐두고 진행되지 않도록 연락합시다. '괜찮을까?' 하고 걱정하기 전에 상담합시다. '보고·연락·상담'이 기본입니다.

048

말하면서 생각하지는 말기

생각하면서 그 생각을 곧바로 이야기하고 있지는 않습니까? 말하면서 생각하지는 않습니까? 하고 싶은 말이 무엇인지 자신도 모르면서, 충분히 생각해 보지도 않고 이야기를 시작하는 것은 의사소통의 예의에 어긋나는 일입니다. 업무에 대한 지시, 연락, 보고, 제안 등 무엇이 되었든 '자신이 하고 싶은 말이 무엇인지'를 정확하게 자각하고 준비하고 난 후 이야기를 꺼내도록 합시다.

049

내 사정만 생각하는

버릇 없애기

상대의 기분이나 사정도 알고 있습니다. 그런데도 '하지만 이런 거라고요' 하면서 이쪽 사정으로 모든 일을 처리하려고 하지는 않습니까? 업무라고 해서 무조건 밀고 나가는 것은 무리입니다. 반대로 과잉 서비스도 불편이 따릅니다. 상대를 먼저 생각해야 합니다. 그렇게 하지 않으면 '내 상황만 100퍼센트 내세우기', '내 입장만 100퍼센트 관철하기'가 되어 버립니다. 상대의 사정을 고려하면서 균형을 맞춰 나가야 합니다. 균형이 깨지면 일은 삐걱거릴 수밖에 없습니다. 마음이 불편한데 일이 제대로 진행될 리 있나요.

050

70 퍼센트의 열정과
30 퍼센트의 배려

부탁을 할 때는 상대가 거절할 수 있는 여지를 남겨
두어야 합니다. 자신의 사정만 생각하지 말고, '미안
하지만……' 하고 상대가 거절할 수도 있도록 피할
길을 마련해 주어야 합니다. 어려운 일이지만 이 역
시 의사소통의 예의입니다. 상대가 부탁을 거절했다
는 이유로 관계가 거북해졌다면 본말이 전도된 꼴입
니다. 상상력을 동원하여 70퍼센트의 열정과 30퍼센
트의 배려로 부탁해야 합니다.

051

초등학생이 봐도
알 수 있도록!

초등학생이 봐도 알 수 있도록! 이것을 습관화합시다. 컴퓨터 기술을 활용하면 수치나 데이터 등을 멋진 표로 만들 수 있습니다. 훌륭한 표가 있는 서류는 보기에도 좋습니다. 그러나 정말 보기 편하게 만들어졌을까요? 겉보기의 훌륭함과 내용 전달의 훌륭함은 별개의 것입니다. 보는 사람의 입장이 되어 만들어야 합니다. 이면지 위에 손으로 그린 그래프라도 알기 쉽게 표현되어 있다면 훌륭하지 않을까요? 복잡하면 이해도 감동도 어렵습니다.

052

스토리로 설명하기

어떤 일을 추진할 때 없어서는 안 되는 것이 바로 동기라는 엔진입니다. '왜 이것을 하는가'라는 동기를 분명하게 전달하지 않으면 사람들은 함께 나아가 주지 않습니다. 왜 이것을 하는지, 스토리를 만들어 설명합시다. 이때 첫 단추를 잘못 채우는 실수가 일어나지 않도록 배경까지 이야기합시다. 다른 사람을 움직이는 힘은 감정에 있습니다. 요점만 정리된 리스트가 아니라 생각을 담은 스토리를 전개해야만 사람들을 움직일 수 있습니다.

053

눈앞의 사람에게 이야기하듯이

좋은 글을 쓰는 첫 번째 요령은, '멋진 문장'이라는 평가를 받아야겠다는 생각을 머릿속에서 지우는 것입니다. 명문이 아니라도 좋습니다. 어려운 말도 필요치 않습니다. 친절한 배려를 담아 누군가에게 이야기를 들려주듯이, 알기 쉽게 쓰면 됩니다. '이 정도는 알고 있겠지' 하는 짐작은 금물입니다. 눈앞에 있는 사람에게 이야기를 들려주듯이 쓰도록 합시다. 글을 읽을 누군가를 떠올리면서 쓰면 더욱 좋습니다.

054

협력의 스위치를
언제라도 켤 수 있도록

서로의 분야를 존중하고 간섭하지 않는 것이 올바른 태도입니다. 내가 열심히 일하듯, 그도 지금 최선을 다하고 있다고 생각해야 합니다. 그렇다고 해서 다른 사람의 업무나 주위의 상황에 대해 무관심한 태도는 삼가야 합니다. 자신의 내면에 협력이라는 스위치를 늘 마련하고 언제라도 켤 수 있도록 해야 합니다.

055

부지런히 좋은 점 찾기

이 세상에 훌륭한 것들이 아무리 많이 있었다고 해도, 그 훌륭한 면을 발견하는지의 여부는 각자의 몫입니다. 부지런해야 합니다. 멋있는 점, 아름다운 점, 유쾌한 점, 뭐든 좋은 점을 발견하도록 노력합시다. 업무 관계로 만나는 사람의 재킷이라도, 평범하고 일상적인 업무의 한 부분이라도, 성의 있게 보면 좋은 면을 찾을 수 있습니다. 좋은 점을 잘 찾아내는 사람은 칭찬에 인색하지 않습니다. 그렇게 발견한 좋은 점은 상대에게 말로 전하도록 합시다.

056

듣기 싫은 소리는
최대한 짧게

사람의 마음은 부드럽게 만들어져 있습니다. 후배나 부하를 질책해야 할 일이 있다면, 마음이 상하지 않도록 최대한 짧게 하도록 합시다. 또한 상대가 안심할 수 있도록 적절한 어투로 전달합시다. 그리고 하루에 한 번은 일부러라도 조언하고 격려합시다. '내가 늘 관심을 갖고 보고 있다'라는 마음을 보여주어야 합니다.

057

인정의 말, 칭찬의 말, 격려의 말

업무에는 동료, 상사, 부하 등 팀원들이 있기 마련입니다. 훌륭한 팀은 서로 어떻게든 좋은 점을 찾기 위해 노력하고, 지금 하고 있는 일을 칭찬하고, 과거에 해왔던 일을 인정해 줍니다. 칭찬의 말, 격려의 말, 인정의 말을 적절하게 표현합시다. 이것이 팀워크의 핵심이며 원동력이고, 인간관계의 기본입니다. 누구라도 칭찬을 받으면 기운이 납니다.

058

상대의 이름 불러주기

대화 중에 드문드문 상대의 이름을 입에 올립시다. 거래처 직원이든 친한 동료든 이름을 부르면서 이야기를 합시다. 처음 만난 사람이라면 자신의 이름을 기억해 주었다는 사실이 기쁠 것이고, 잘 아는 사이라면 인정받고 있다는 기분이 들 것입니다. '그렇습니다, ○○ 씨', '맞아요, ○○ 대리님' 하고 간간이 이름을 넣어가며 대화를 진행합니다. 타인을 기쁘게 하는 어른의 예절 가운데 하나입니다.

059

자기만 행복해 봐야

쓸쓸할 뿐

직업이란 누군가의 소중한 돈을 받고 하는 일입니다. '그 사람 센스가 있어'라는 말을 들을 수 있도록 지혜를 발휘하여 일을 합시다. 내가 지금 생각하는 것이, 그리고 내가 지금 하고 있는 일이 꼭 필요한 일인지 상상력을 발휘합시다. 'User First'라는 말은 일하는 사람의 부적 같은 것입니다. 고객을 우선하는 것은 넓은 범위의 누군가를 행복하게 하는 일입니다. 자기만 행복해 봐야 쓸쓸할 뿐입니다. 사회에 행복을 주는 것이 직업의 즐거움이 됩니다.

060

정당한 방법

어떤 방법을 선택할지 결정할 때는 그것이 정당한 방법인지 아닌지의 여부를 자문해야 합니다. 무엇이 옳은 것인지에 대한 판단이 어려울 때도 물론 있겠지만, 여러 각도에서 바라보면 답이 나옵니다. 선택하려는 방법이 나만 편하면 그만이라는 방편은 아닌지, 고약한 이기심이 발동하고 있지는 않은지 점검해야 합니다. 이렇게 생각하다 보면, 아마도 정당한 방법이라는 것은 사랑이 있는지의 여부로 판가름 나는 것인지도 모르겠습니다.

061

일을 성공시키는 열쇠

'내가 관계하는 사람에게 무엇을 내밀 수 있는지'를
업무의 원칙으로 삼읍시다. 상대에게 돌아갈 '이익'
을 생각하고, 자신과의 관계에서 상대가 그것을 얻을
수 있도록 하는 습관을 들이도록 합시다. 'Give and
Take'도 아니고 '50 : 50'도 아닙니다. 대가를 요구하
거나 보답을 요구하는 것은 어딘가 잘못된 생각일 것
입니다. 아무것도 요구하지 않고 자신이 줌으로써 탄
생하는 큰 힘이 일을 성공시키는 열쇠입니다.

062

내가 만든 성에 갇혀
고립되지 않기

정책, 이념, 주의를 큰 깃발처럼 내걸어 놓고 자신의 성을 쌓아 버리면 조직에서 고립됩니다. 독자적인 생각은 중요하지만 하나의 생각을 고집하고, 격식에 매달려, 다른 의견을 부정하면 타인과의 관계에서 여유가 없어집니다. '고독'은 인간이면 누구나 가지고 태어나는 숙명이라고 하지만, '고립'은 스스로 관계를 단절하는 행위입니다. 고립의 말로는 대개 비극으로 끝납니다.

063

결말을 내지 않아도 된다는 태도

나는 백(白)이라고 하고 상대는 흑(黑)이라고 말합니다. 그럴 때에는 어떤 한쪽으로 결판이 났다고 해도 의사소통의 목적에 이르지 못한 것입니다. 일도 인간관계도 단번에 완결되지는 않습니다. 여기서 흑백을 가린다고 해도 다음 이야기로 이어지게 됩니다. 모든 것이 내 생각대로 되는 것도 아니고, 이겨도 져도 괴로워집니다. '결말을 내지 않아도 된다'는 태도를 취하는 순간, 새로운 지혜가 탄생합니다. '결말을 내지 않아도 된다'는 태도를 취하는 순간, 논의가 의미 있는 방향으로 진행됩니다.

064

적이지만
내 편이라고 여기기

걸핏하면 공격해 오는 사람, 부정적인 말을 일삼는 사람, 혹시 '적'이 아닌가 싶은 사람이 있다면 그 사람을 소중하게 여깁시다. '적이지만 내편'이라고 생각합시다. 적은 나에게 자극과 배울 거리를 주고 진실을 전하고 때로는 빼앗기도 할 것입니다. '저 사람은 적'이라고 피할 게 아니라 적이라는 존재가 있기 때문에 나는 더 배울 수 있고, 성장할 수 있다는 것을 깨달아야 합니다. 이 사람 저 사람을 외면하다 보면 주위에 남는 사람이 없습니다.

065

듣기 좋은 말은 친절한 거짓말

내가 '좋다'라고 생각해서 하고 있는 일이기 때문에
비판이나 반대의견이 나오면 마음이 편치 않을 것입
니다. 그러나 '좋다'를 '더 좋다'로 만들고 싶다면 용
기를 내서 받아들여야 합니다. 괴로워도 불편하더라
도 받아들여야 합니다. 비판이나 반대의견에는 나름
대로 진실이 담겨 있습니다. 일을 더 훌륭하게 만들
수 있는 힌트도 그곳에 숨어 있습니다. 듣기 좋은 말
은 친절한 거짓말일 때가 많습니다. 그것에만 현혹
되고 그것에만 마음을 두면 곧 곤란해지고 위험해
집니다.

066

나 혼자 할 수 있는 일은 없다

젊을 때는 잦든 드물든 뭐든지 자기 혼자 하겠다고
생각하고, 뭐든지 내가 할 수 있다고 착각하며 삽니
다. 그런데 세월이 흐르면서 '나 혼자 할 수 있는 일은
한 가지도 없다'는 것을 깨닫습니다. 그러다 보면 나
만 편할 대로 어떤 일을 생각하지 않게 되고, 다른 사
람에게 뭔가를 강요하려 들지 않게 되고, 타인의 생
각이나 감정에 귀를 기울일 수 있게 됩니다. 누군가의
힘을 빌리지 않고는 '나'라는 존재는 성립하지 않습
니다. 이 사실을 똑바로 알아두어야 합니다.

067

필요한 사람이 되는

3가지 자세

스스로 찾아냅니다. 스스로 연구합니다. 직접 제안합니다. 이 세 가지는 누군가에게 필요한 사람이 되는, '가치 있는 존재'가 되기 위한 기본자세입니다. 블로그나 SNS를 하거나 하지 않거나, 자신의 경험에서 창출한 지혜를 언제라도 쉽게 꺼내서 적극적으로 의사소통을 합시다. 정보가 넘쳐나는 시대이기 때문에 직접 모은 정보, 지혜를 다한 연구, 아낌없는 제안이 더욱 귀중한 1차 정보가 됩니다. 발신원이 되면, 사람들은 모여듭니다.

068

정확한 내용을 발신하기

'모두가 좋다고 합니다'에서 '모두'란 누구를 말합니까? '많은 사람들이 곤란해하고 있습니다'에서 '많은 사람'이란 몇 명을 말합니까? 어쩌면 우연히 들은 정보나 웹에서 떠도는 소문, 제한된 사람들의 목소리일지도 모릅니다. 분위기나 느낌만 갖고 의견을 말하는 것은 위험한 일입니다. 잘 아는 것처럼 보이기 위해 했던 안이한 발언이 오해를 살 수도 있습니다. '정확한 사실'임을 제대로 확인하고 나서 정보를 발신해야 합니다.

짧은 시간 안에
정보를 수집해야 할 때는

짧은 시간 안에 정보를 수집해야 할 때는 '사람'이 포인트입니다. '경제에 대해서는 A 신문'이나 '환경문제에 대해서는 이 사람의 웹 기사' 등과 같이 믿을 수 있는 사람의 의견으로 정보를 선택합니다. 정보가 넘치는 세상에서 모든 것을 다 찾아보는 일은 불가능하고, 옳은 것과 틀린 것을 구별하기란 더욱 어렵습니다. 평소 '누구의 정보를 신뢰할 것인가?'에 대한 판단을 내리고 있어야 합니다.

070

나를 주어로 이야기하기

의견을 말할 때 주어는 '나'로 합시다. '나는 이렇게 생각한다', '나는 이렇게 해봤다' 이렇게 정확하게 주어를 넣읍시다. 걸핏하면 '~는 ○○입니다' 등으로 주어를 빼고 이야기하는 것은 듣는 사람에게 '그건 당신의 의견입니까? 아니면 신문에 나왔던 말입니까?'라는 답답함과 혼란을 야기합니다. '나'라는 주어를 붙여 이야기해야 신뢰와 책임이 생깁니다.

071

세상의 수준을 기억하기

음식, 상품, 서비스, 문화, 기술……. 세상이 관심을 갖는 다양한 것들은 개인적으로 특별히 흥미가 있건 없건 알아 두어야 합니다. 그리고 세상이 어떻게 평가하고 있는지도 알아야 합니다. 이것이 업무의 기본지식이 됩니다. '지금 세상의 수준은 이렇다'는 것을 알면 업무에 힌트가 됩니다. 세상의 수준을 기억하십시오. 뒤진다면 커다란 문제이고, 너무 앞선다면 그것 역시 문제일 수 있습니다.

관심의 구조 파악하기

상점 앞에 산더미처럼 쌓여 있는 신제품, 요란하게 흘러나오는 광고, 웹에서 화제가 되고 있는 이야기 등 유난스럽게 눈길을 끄는 것이 있다면 '굉장하구나!' 하고 순진하게 받아들이기만 하는 게 아니고 한 번쯤 의심해 보도록 합시다. 그렇다고 '말도 안돼!' 하고 부정하면 안 됩니다. 왜 다들 흥미를 갖는 걸까? 왜 화제가 되고 있을까? 어디가 어떻게 굉장한 걸까? 그 제품과 관심의 구조에 흥미를 가져야 합니다. 과학자처럼 면밀하게 관찰하고 분석해야 합니다.

073

자기 전에
아침 얼굴 만들기

밤에 잠자리에 들기 전에 내일의 일정을 확인하면 안심하고 잠들 수 있습니다. 예를 들면 중요한 회의가 있어서 복장에 신경을 써야 할 경우, 아침에 일어나서 정하는 것과 자기 전에 미리 생각해 두는 것은 큰 차이가 있습니다. 회사에 출근할 때도 '오늘은 누군가를 만난다'라는 얼굴과 '오늘은 회사 안에서 사무적인 일을 하겠지'라는 얼굴은 다를 것입니다. 자기 전에 일정을 확인해 두면 자는 동안 내일 아침의 얼굴이 만들어집니다. 일어난 순간부터 망설임 없이 더 자신있게 행동할 수 있습니다.

074

아침에 한 시간만
여유롭게 보내도

아침 시간은 바쁘다는 생각에 효율적인 면만 생각하기 쉽습니다. 식사도 빨리, 씻는 것도 빨리, 옷 입는 것도 빨리……. 앞으로는 아침 시간을 조금만 여유롭게 보냅시다. 빵과 커피만 먹더라도 허겁지겁 서둘지 않고 천천히 음미하며 먹습니다. 가족과 오늘 하루에 관해 이야기를 나누거나, 혼자 조용히 생각에 잠기거나, 잠시 쇼파에 앉아 메모를 하기도 합니다. 아침에 한 시간만 여유롭게 보내도 한 시간 더 자는 것보다 하루가 더 활기차고 풍요로워집니다.

075

나이가 들수록
중요한 일은 오전에

주목할 만한 성공을 이룬 사람들은 입을 모아 이렇게 말합니다. '중요한 일은 오전 중에 끝내도록 하십시오.' 자주 듣게 되는 말이니 분명히 보편적인 진리입니다. 명심해 두어야 합니다. 가능하면 집중력이 높은 오전 중에 중요한 일을 끝내도록 합시다. 오후가 되면 몸은 피곤하고 의사결정 능력도 떨어집니다. 나이가 들수록 이 규칙을 더욱 철저히 지키도록 합시다.

076

자신을 피난시킬 장소 마련하기

누구의 눈치도 보지 않고 편안하게 쉴 수 있는 장소
가 있나요? 뭔가를 곰곰이 생각할 수 있는 장소가 있
나요? 자기 집 방이든 공원 벤치든 서점이든 카페든,
천천히 산책할 수 있는 길이라도 좋습니다. 이렇게
'자신을 피난시킬 장소'를 마련합시다. 사람은 그렇
게 강한 생물이 아닙니다. 사람은 자신만의 피난처
에서 조용히 자신을 돌보는 시간이 꼭 필요한 연약
한 생물입니다.

077

수준을 낮추면 낮추는 만큼

편해지겠지만

단골로 가는, 특별히 맛있는 커피를 마실 수 있는 카페에서, 어느 날 갑자기 그렇고 그런 맛의 커피를 내놓는다면 실망할 것입니다. 카페든 일이든 사람이든 각각 기준이라는 것이 있습니다. 그 수준을 떨어뜨리지 않는 것이 전문가, 즉 프로가 아닐까요? 지금 수준에서 내려오지 않는 것, 가능하면 더 높은 수준으로 올라가려고 노력하는 것, 그것이 프로의 태도입니다. 수준을 낮추면 낮추는 만큼 편해지겠지만, 그러면 점차 즐거움도 보람도 잃게 됩니다.

078

쉬지 않기 위해서

쉬지 않고 해야 할 일

일이란 매일 해야 하는 것입니다. 계속한다는 데 의미가 있습니다. 그렇기 때문에 건강관리는 중요한 업무 가운데 하나입니다. 병에 걸려 쉬지 않도록 건강을 유지하는 노력을 멈추지 말아야 합니다. 조깅, 스트레칭, 요가, 일찍 자고 일찍 일어나기, 숙면, 좋은 식사 등등. 건강한 습관을 쉬지 않고 매일 실천하도록 합시다. 좋은 음식을 먹는 데 돈을 아끼지 마세요. 운동을 배우는 데 시간을 아끼지 마세요. 그래야 원치 않을 때 쉬게 되는 일이 없습니다.

질 좋은 휴식

하루 종일 잠옷차림으로 뒹굴거리는 것은 휴식이 아닙니다. 생활의 리듬이 엉망이 되고 몸에도 해롭습니다. 주말에 도가 지나칠 정도로 신나게 놀다가 몸살이 나 월요일부터 결근하는 것은 일하는 사람으로서는 실격입니다. 쉬는 날도 일찍 일어나서 옷을 갈아입고 세 끼를 잘 먹고 일찌감치 잠자리에 들어야 합니다. '늘어져서 시간을 보내는 것'과 '쉬는 것'은 전혀 다른 행위입니다.

080

앞을 가로막았던
벽을 깨는 힌트

일을 하다가 벽에 부딪히면 '자, 그렇다면!' 하고 눈높이를 바꿔 봅시다. '이 프로젝트의 담당인 나'의 입장이 아니라 아르바이트 하는 사람의 눈높이, 상사의 눈높이, 사장의 눈높이, 고객의 눈높이, 노인이나 아이들의 눈높이에 맞춰 다시 생각해 보는 것입니다. 위를 봤다가 아래를 봤다가, 옆으로 눈길을 돌렸다가 비스듬히 쳐다보는 등 관점을 바꿔 보는 것도 좋은 방법입니다. 앞을 가로막았던 벽을 깨는 힌트가 보일 것입니다.

081

평소에 하지 않던 것 하기

어려운 일, 곤란한 일, 힘든 일의 당사자가 되어 난관에 봉착하면, 자칫 '문제의 미로'에 빠질 때가 있습니다. 미로에서 탈출하기 위해서, 평소에 가지 않던 곳에 가고, 평소에 하지 않던 행동을 할 것을 적극 추천합니다. 난생 처음 승마를 체험해 본다거나, 10년 만에 PC방에 가보거나, 입어 본 적 없는 색깔의 스웨터를 사 보는 건 어떨까요? 기분전환으로 재충전을 하면 당면한 문제는 해결되지 않더라도 머릿속에 엉킨 실은 풀어질지 모릅니다. 그게 문제의 미로에서 빠져나오는 처음입니다.

082

지금 이 순간
자신의 표정 알기

내가 내 자신의 얼굴을 보는 횟수보다 누군가가 내 얼굴을 보는 횟수가 더 많습니다. 매일 사람들을 대하며 살고 있는 입장이니, 내가 어떤 표정을 하고 있는지 잘 알아둡시다. 긴장하고 있을 때 남들이 '무서운 얼굴이야' 하고 여기거나, 생각에 잠겨 있을 때 '멍 때리고 있구나' 하고 여기는 표정을 하고 있지는 않나요? 거울을 보지 않아도 지금 어떤 표정을 하고 있는지 스스로 알 수 있어야 합니다.

083

마음속 자기소개서 업데이트하기

사람은 나날이 변합니다. 어제 오늘 사이에 극적으로 변하지는 않더라도, 직장을 옮기면서 달라지고, 이사를 하고 나서 달라지고, 나이를 먹으면서 달라지고, 느낌에 따라 달라지고, 만나는 사람에 따라 달라집니다. 지금 나 자신을 알고 나의 어떤 모습을 상대에게 전하고 싶은지를 잘 생각하면서 마음속 자기소개서를 최신으로 업데이트합니다. 경력이라기보다 '지금 생각하고 있는 일'과 '앞으로 하고 싶은 일'을 세트로 종이에 써 놓고 읽는 것도 훌륭한 방법입니다.

084

끙끙거리다가 지쳐 쓰러지는 게

가장 어리석은 일

누구나 살다 보면 생각처럼 일이 풀리지 않을 때가 있습니다. 뜻하지 않은 사고가 일어나기도 하고 피곤에 지치기도 합니다. 누구나 경험하는 일이지만 막상 그런 경우가 닥치면 초조해서 안달을 냅니다. 어떻게든 하려고 몸부림을 칩니다. 일이 제대로 풀리지 않을 때는 가장 먼저 힘을 빼봅시다. 힘을 빼면 냉정해질 수 있고, 왜 이런 상황이 되었는지를 이해할 수 있습니다. 그저 끙끙거리다가 지쳐 쓰러지는 게 가장 어리석은 일입니다. 계속해서 문제를 붙들고 힘을 쓴다고 해결되지는 않습니다. 현명한 사람들은 필요할 때 절묘하게 힘을 빼고 대처합니다. 여유를 먼저 찾으십시오. 그래야 해결 방법도 찾을 수 있습니다.

085

15분의 휴식

휴식도 업무입니다. 적절하게 휴식을 취합시다. '식사도 하지 않고 죽어라 일했다'고 자랑하지만 그 질은 어떨까요. 얼렁뚱땅 해치웠을지도 모릅니다. 중요한 것을 놓쳤을지도 모릅니다. 예를 들면 '두 시간 집중하고 나면 반드시 15분 쉰다' 이런 식으로 규칙을 정합니다. 자리에서 일어나 손을 씻거나, 주변을 산책하거나, 차를 마십니다. 그것만으로도 지금부터 두 시간의 업무 효율이 부쩍 오를 것입니다. 휴식을 취하는 것과 게으름을 피우는 것은 전혀 다른 것입니다.

086

마음의 호수가
잔잔해질 때까지

사람은 누구나 내면에 감정을 담은 작은 호수를 지니고 있습니다. 버럭 화를 내면 파도가 일고, 자존심에 상처를 입으면 부글부글 끓고, 소중한 영역을 침해당하면 소용돌이가 일어납니다. 이처럼 사람은 민감한 동물입니다. 화의 끝에 좋은 결과가 기다린 적이 있던가요. '화내지 말 것'을 매일의 과제로 삼읍시다. 옛사람들이 말하듯이 울컥 화가 나면 열을 세어 봅시다. 마음의 호수가 잔잔해지기를 기다려야 합니다.

본격적으로 뭉근하게

상황을 바꾸는 것도, 일을 진행시키는 것도 본격적인 도전의 힘입니다. '모든 걸 걸었다가 실패하는 것은 너무 무섭다'고 꽁무니를 빼서는 최선을 다할 수가 없습니다. '그렇게까지 하지 않아도……' 하고 미지근하게 대처해서는 그 누구도 만족시킬 수 없습니다. 그렇다고 너무 뜨겁게 타오르면 곤란합니다. 오래 지속할 수 없기 때문입니다. 뭉근한 땅속의 열 같은 진심을 오래 지속시켜야 합니다. 본격적으로 뭉근하게 일하는 사람에게 불가능한 것은 없습니다.

088

주변 사람들의 입방아 따위에는……

뭔가를 열심히 하는 모습이 아름답다고 흔히 말하지만, 어떤 일에 정신없이 몰두하고 있는 사람의 모습은 사실 그 꼴이 흉하다는 것을 아시는지요? 아마 어렴풋이 알고 있는 분도 있을 것입니다. 그래도 열심히 하는 모습을 멋쩍어하지 말고 부끄러워하지 말고 드러내도록 합시다. '나는 지금 어떤 식으로 보여지고 있을까' 따위는 신경쓰지 마십시오. 정말이지 아무짝에도 쓸모가 없는 걱정일 뿐입니다. 주변 사람들의 입방아에 신경이 쓰이지 않을 정도로 열심히 몰두합시다.

089

청순함이란

지금의 직장에 처음 출근했을 때의 그 긴장감, 익숙하지 않은 분위기에서 일에 열심히 매진했던 마음가짐……. 어색하고 어리둥절했지만 그때 그 마음가짐을 잊지 말아야 합니다. 초심을 잃지 맙시다. 익숙해지면 익숙해질수록 처음의 청순함을 잊지 않도록 합시다. '청순'이란 '맑고 깨끗함'입니다. 즉 처음의 마음을 잃지 않는다는 것은 '아직 얼마든지 배울 것이 있다'는 자세입니다. 앞으로도 얼마든지 성장할 것이므로 겸허하면서도 혈기왕성한 것이 청순입니다.

꽃을 볼 땐 뿌리를 생각하기

아름다운 꽃이 피어 있는 모습을 보고 감탄합니다. 이와 마찬가지로 훌륭한 어떤 사람의 모습을 보고 그 아름다움에 감탄하고 또 동경합니다. 꽃이 피기 위해서는 뿌리가 있어야 합니다. 흙 속에 퍼져 나간 뿌리에 마음을 기울입시다. 즉 눈에 보이지 않는 노력과 고군분투하는 모습을 생각합시다. 이것이 배움의 시작점입니다. 눈에 보이는 꽃의 아름다움보다 대지에 단단히 뻗어 나간 뿌리의 치밀함에 많은 비밀이 감추어져 있습니다.

091

자기 자신을 믿는 것

자신감이란

'이거 굉장한데, 본격적으로 해보면 어때?'라는 말을 들었을 때 '아니, 내가 하기에는 아무래도 무리야'라며 고개를 가로젓습니다. 아이디어는 낼 수 있지만 막상 행동에 옮기는 단계가 되면 꽁무니를 뺍니다. 실패가 두려워 자기도 모르게 보수적이 됩니다. 이런 사람에게 부족한 것은 경험도 실력도 아니고 자신감입니다. 자신감이란 자기도취나 자부심이 아니라, 자기 자신을 믿는 것입니다. '괜찮아, 난 할 수 있어'라고 스스로를 격려해야 합니다.

092

걱정은 해도
겁쟁이가 되지는 않기

자꾸 나쁜 쪽으로만 생각을 몰아가게 되면 겁쟁이가
됩니다. 일이 순조롭게 풀리지 않을 경우에 대비해 여
러 가지 가설을 세워 보는 건 중요한 태도지만, 안 되
는 쪽으로만 최악의 경우를 상상하고 걱정하다 보면
아무것도 하지 못합니다. 걱정은 해도 겁쟁이가 되지
는 않도록 합시다.

093

승패로부터 거리 두기

남들이 하는 건 하지 않는다! 이렇게 결정해 버리면
이기고 지는 소용돌이에 휘말리지 않아도 됩니다. 라
이벌이 많고 경쟁이 치열한 일은 자극적입니다. 하지
만 승패에만 에너지를 소모하게 되는 것도 사실입니
다. 누구나 가지 않는 길, 길 없는 길을 가면 승패와는
무관해질 수 있습니다. 사람들이 북적거리고 있으면
'당신 먼저' 하고 양보해 버립시다.

용기를 내서 피하기

도망치지 않고 마지막까지 해내는 것은 중요한 기본 자세입니다. 하지만 그 태도 속에서도 '피한다'는 마지막 카드는 버리지 말고 간직합시다. 그리고 피해야 할 때는 용기를 내서 피하도록 합니다. 은근슬쩍이 아닙니다. 소리 소문 없이 사라지는 것이 아닙니다. 용기를 내서 당당하게. 모양새가 나빠도, 남들이 비웃어도 피해야 할 땐 피합니다. 누군가에게 미움을 받더라도 피합니다. 상황을 예의주시하고 생물로서의 직감을 작동시켜 피하는 것입니다. 내 살길을 찾게 될 뿐 아니라 소중한 사람을 지키게 되는 경우도 있을 것입니다.

095

독립적 사고 터득하기

사람에게도 조직에도 사회에도 의존하지 않도록 합시다. 항상 나 혼자, 어디에도 곁눈질하지 않고, 어디로든 걸어갈 수 있게 나를 단련해 두어야 합니다. 역설적이지만 어떤 회사에서나 필요로 하는 사람은 바로 이런 사람입니다. 스스로 판단하고 스스로 결정하고 스스로 책임을 지는 독립적 사고를 터득하면 언제라도 재빠르게 움직일 수 있습니다. '상사에게 물어보고 나서', '다 같이 논의해 보고 나서', '눈치 좀 보고' 하면서 꾸물거리고 있다가는 뒤처지고 맙니다.

096

끼워 맞추지 말기

직장에 다니는 사람이라면 누구나 '나＝○○회사 ○○부서'라는 특정한 직위로 스스로를 정의해 버리는 경향이 있기 마련입니다. 가족 안에서의 나, 친구들 관계에서의 나, 사회에서의 나 등 복수의 관계성이 있고, 그 중심에 내가 존재하고 있다는 것을 잊지 맙시다. 자신을 '지금의 회사'에 지나치게 끼워 맞추려고 하는 생각을 멈춥시다. 그러면 능력을 발휘할 여지가 제한되고 선택의 여지도 줄어듭니다. 다른 관계 속 자리에서도, 다른 회사로 옮겨도 '쓸모가 있는 나'가 되도록 열려 있어야 합니다.

097

행운을 내 편으로 만드는 법

항상 웃는 얼굴을 잊지 않도록 합시다. 철저하게 적극적인 태도를 지니도록 합시다. 항상 남에게 뭔가를 베풀도록 마음을 씁시다. 행운을 내편으로 만들고 싶다면 이 세 가지를 지킵시다. 실력은 중요하고 노력 또한 빼놓을 수 없는 미덕입니다. 하지만 운도 필요합니다. 행운을 내편으로 만들기 위해 '웃는 얼굴, 적극성, 베풀기'라는 기본자세를 잊지 맙시다.

098

큰 이득이 있으면
나중에 큰 손해가 오기 마련

내 생각대로 일이 술술 풀릴 때가 있습니다. 좋은 일만 연달아 일어납니다. 모든 일이 순조롭고 잘 풀립니다. 그럴 때는 일부러 슬쩍 넘어지기도 해봅니다. 큰 이득이 있으면 나중에 큰 손해가 오기 마련입니다. 균형을 잘 유지하도록 합시다. 일이 순조롭게 풀릴 때는 씽씽 신나게 달리고 있을 때이니, 꼭 멈추어 생각해 보는 자세가 필요합니다. 좌우 날개의 균형을 잘 맞추어 하늘을 나는 새도 날개를 접었다 폈다 합니다.

그 일이 하고 싶은가?

뭔가 부탁을 받았을 때, 어떤 요청이 들어왔을 때, 혹시 망설임이 생기면 계산적으로 결정을 해서는 안 됩니다. 손해인지 이득인지, 돈이 될지 안 될지, 경력에 도움이 될지 그렇지 않을지, 그런 계산을 잠시 멈춰봅시다. 그리고 눈을 감고 스스로에게 물어보는 겁니다. '나는 그 일을 하고 싶은가?' 그 대답이 '노'라면 즉시 거절합니다. '하고 싶다!'는 생각이 들면 무모하더라도, 위험부담이 있어도, 장래가 보이지 않아도, 숨을 한 번 크게 들이마시고 뛰어듭시다.

100

생활의 기본
100

두 번째 프롤로그

저는 항상 생각합니다. 나는 어떤 사람이고 싶은가? 어떤 삶을 영위하고 싶은가? 나 자신을 응시하며 살아가는 것이 중요합니다. 세상의 것을 좇느라, 정작 나를 소홀히 하면 어느 순간 허무가 찾아옵니다.

그래서 생각했습니다. 나는 어떤 사람이고 싶은가? 어떤 삶을 영위하고 싶은가? 이 질문은 곧, 사회나 가족, 친구, 아이들이 알았으면 하는 중요한 것은 무엇인가? 미래에 남기고 싶은, 내가 깨달은 지혜나 가르침은 어떤 것인가? 이런 물음들로 확장되었습니다. 그런 것들을 쉴 새 없이 생각하면서 펜을 들고 하나씩 적어나갔고, 바로 그 질문과 대답이 이 책이 되었습니다.

'일의 기본'과 '생활의 기본'은 나의 성장과 함께 늘 변화하는 것이기도 합니다. 100가지를 쓰면 그 100가지

를 다시금 음미해 보고, 나의 기본을 더 좋게, 더 나답
게 만들어 가야 하니까요. 그것이 바로 나를 응시하며
살아가기 위한 기본의 끝에 있는 기본입니다.

나의 일과 생활의 기본을 쓴다는 것이 어려운 일 같
기도 하지만 사실은 아주 간단합니다. 고마운 사람에
게 감사의 편지를 쓰듯, 아니면 내가 나에게 편지를
쓰듯 쓰면 됩니다. 당신의 마음속에 소리 없이 자리
잡고 있는 기본을 알고 싶습니다. 그것은 제게도 큰
도움이 될 것입니다. 그렇게 여러분과 함께 '나의 기
본'을 나누고 싶습니다.

마쓰우라 야타로

남보다 빨리 그리고 살며시

모두가 '아, 기다리고 있었습니다!'라는 기분을 느끼게 할 만한 것을 살며시 내밀어야 합니다. 그러기 위해서는 남보다 빨리 발견해야 합니다. 기쁜 일, 갖고 싶은 것, 부족한 것을 찾아내는 데 초능력은 필요치 않습니다. 배려의 마음으로 유심히 살펴보면 되는 일입니다. 예를 들면 홈 파티 같은 행사가 있을 때 맛있는 음식과 마실 것과 음악을 준비하는 일은 누구나 하겠지만, 혹시 있을지도 모를 피곤한 참석자를 위해 쿠션 몇 개를 준비해 두는 건 어떨까요.

001

나를 좋아하는 사람이 열 명이라면

싫어하는 사람도 열 명

'호감'과 '미움'은 하나의 짝을 이룹니다. 그 둘은 세트라고 생각해 둡시다. 나에 대해 누구나 다 호감을 갖는다면 행복한 일이지만 유감스럽게도 그런 행복은 있을 수 없습니다. 나를 좋아한다고 말하는 사람이 열 명이라면 싫어하는 사람도 열 명이라고 생각해야 합니다. 그렇게 생각해 놓으면 SNS에서 전해지는 댓글이나 근거 없는 소문에 마음 상하지 않고 지낼 수 있습니다. 게다가 사람을 좋아하고 싫어하는 것은 시시때때로 변합니다. 그러니 깊이 생각할 필요도 없는 일입니다.

002

포근함으로 감싸기

스튜에 들어간 감자나 고기는 딱딱한 것보다 부드러운 것이 먹기에 더 좋습니다. 사람들을 대하는 방식도 그와 비슷합니다. 엄격하고 단호한 것도 물론 필요하지만, 그와 더불어 온화함과 부드러움이 필요합니다. 당신의 마음과 당신의 이야기를 포근함으로 살며시 감싸 전하십시오. 그것이 선물입니다.

003

꾸미지 말고 있는 그대로

남에게 좋게 보이고 싶은 마음은 누구나 갖고 있습니다. 허세라거나 거짓말이라는 말을 들을 정도로 대놓고는 아니라도, 나를 조금 꾸미고 싶어지는 경우는 종종 있습니다. 그런데 모든 정보가 열려 있는 사회에서는 꾸미고 싶어도 꾸밀 수가 없습니다. 거짓이 바로 드러나기 때문입니다. 쓸데없이 꾸미지도 말고 진실을 얼버무리지도 맙시다. 나를 있는 그대로 보이는, 꾸밈없는 사람이야말로 다른 사람들과 좋은 관계를 맺을 수 있습니다. 상대도 나도 그게 편하기 때문입니다.

004

진심 어린 친절을 전하려면

가족이나 친구, 직장동료에게 불친절하고 싶은 사람은 없습니다. 하지만 혹시 친절이 지나치게 정형화되어 있지는 않습니까? 습관이 되다 보니 이미 친절이 아니게 되는 일도 있을지 모릅니다. '좀 더 친절하게 대하려면 어떻게 해야 할까?'를 늘 의식합시다. 친절이란 마음이 드러나는 행위입니다. 상대방의 마음을 이해하고 대하지 않으면 진심 어린 친절에 이를 수 없습니다.

005

관계는 점선으로 잇는 것

'모두 함께'는 편하고, 즐겁고, 안심이 됩니다. 하지만 항상 무리를 지어 있기만 하면 자신의 길을 갈 수 없습니다. 항상 의견이 같아야 하고, 나아가는 길도 같지 않으면 '함께'가 아니라고 원망하는 그런 교류는 관계를 무겁게 만들기도 합니다. 어느 날은 혼자서 밥을 먹을 수도 있고, 또 어느 날은 따로 취미를 즐기기도 하고, 또 어떨 때는 서로 다른 선택을 해도 사이좋게 지낼 수 있어야 합니다. 늘 붙어 있는 실선이 아니고 필요할 때는 따로 행동할 수 있는 점선 같은 경쾌한 관계가 오래 갑니다.

006

포기라는 지혜를 발휘해야 할 때

뭔가를 얻는 일에만 몰두하고, 일단 손에 넣은 것은 단단히 쥐고 놓지 않는 사람이 있습니다. 이렇게 되면 점점 숨쉬기도 답답해집니다. 물건이나 옷의 경우만 해도 '하나를 사면 하나는 처분한다'는 기본 원칙을 가집시다. 나아가 물건이 아닌 경우에도 똑같은 규칙을 적용해야 합니다. '포기'라는 지혜를 발휘해야 합니다. 공부, 취미, 사교, 친구 등 모든 것이 즐겁고 유익하다고 해도 모든 것을 다 누릴 수는 없습니다. 원하는 것을 모두 손에 쥐려고 집착을 하다 보면 정작 자기 자신이 힘들어지고 망가져 버립니다.

007

말로 설명할 수 없는 것이라면

가족은 물론이고 친구 사이나 어떤 공동체 안에서 생활하면서 뭔가를 결정하려고 할 때 의견이 갈리는 경우는 자주 있습니다. 냉정하게 대처하겠다고 생각은 하지만 고집을 내세워 자기 의견을 밀어붙이려고 하지는 않는지요. '나는 이렇게 하고 싶다'고 고집을 부리는 것은 떼쓰는 어린아이와 같습니다. '왜 이것이 좋다고 생각하는지'를 상대에게 설명하고, 올바르게 이해시키도록 해야 합니다. 말로 설명할 수 없는 것이라면 자기 자신도 제대로 알고 있지 않다는 증거입니다. 그럴 땐 다른 사람의 의견에 따르는 게 맞습니다.

008

사이를 마련하는 일

다른 사람에게 좀 더 가까이 다가가는 것이 바짝 달라붙어 지내는 것은 아닙니다. 다른 사람의 생각에 좀 더 다가가겠다는 생각이면 충분합니다. 그리고 나와 상대 사이엔 항상 여유를 두어야 합니다. 그도 움직일 수 있고 나도 움직일 수 있는……. 의사소통은 그렇게 해야 이루어진다고 생각합니다.

009

곁에 있어 준다는 것은

소중한 사람에게는 뭔가를 해 주고 싶을 때가 있습니다. 부드러운 말, 친절, 배려가 담긴 행동, 혹은 선물……. 이렇게 하도록 합시다. 슬퍼하고 있을 때, 부드러운 말은 쉽게 와 닿지 않습니다. 상처받고 있을 때, 친절은 오히려 부담이 될지도 모릅니다. 그렇기 때문에 아무것도 하지 않고 어느 정도 거리를 유지하고 있다가 다가가는 것이 좋은 경우도 많습니다. 말 없이 곁에 있어 주는 것, 그냥 오랫동안 그렇게 해 줍니다. 옆에 있지 않아도 마음은 곁에 둘 수 있습니다.

010

덤을 선물하는 사람

누군가와 만나 식사를 하거나 차를 마실 때는 기분 좋은 시간만 같이 보낼 것이 아니라 선물을 준비합시다. 그 사람이 좋아할 만한 재미있는 이야기, 도움이 될 만한 정보, 기운을 북돋아줄 미소를 준비하는 것입니다. 보고 싶다며 나를 찾아오는 이들로 하여금 모두들, '이 사람을 만나면 항상 덤이 있어', '만나길 잘했어' 하고 느끼게 만드는 사람이 되어야 합니다. 만나면 언제나 반가운 선물을 얻게 되는 그런 사람 말입니다.

011

감사의 인사는
감상과 함께

'감사합니다'라고 한 마디 하면 될 일이라도 짧은 감상을 곁들여 봅시다. 사례란 그것이 물건이든 아니든 상대에게 받은 '선물'에 대한 보답입니다. 짧은 감상은 소박한 선물이 됩니다. 멋들어진 말이 아니라도 상관없습니다. 과자를 받았다면 '너무 맛이 좋아서 가족들과 함께 차를 마시면서 즐겼습니다' 이렇게만 전해도 행복한 장면이 떠오를 것입니다. 줘서 기쁘고, 받아서 기쁘고, 고맙다는 말을 해서 기쁘고, 그런 말을 들어서 기쁘도록. 짧은 감상을 곁들이는 작은 마음으로 큰 기쁨을 느끼도록 합시다.

012

격정하며 살기

누군가 도움을 요청하는 신호를 보고도 지나쳐 버리는 것은, 그 순간 당사자가 되어 보지 못하기 때문입니다. 상상력이 부족하기 때문이고, 친절과 여유가 부족하기 때문입니다. 상상력을 동원하여 걱정해 줍시다. 아이가 길을 걷고 있는데 갑자기 차가 덤벼들지는 않는지, 항상 활기에 가득 차 있던 친구가 어떤 트러블로 기가 꺾여 있지 않은지, 순조롭게 되어가고 있어야 할 일이 갑자기 틀어지지 않았는지, 걱정은 배려입니다. 걱정은 나쁜 게 아닙니다.

013

'당신을 위해' 라는 주문은

이제 그만!

사람들은 모두 각자의 원칙과 기준을 갖고 있습니다. 그중에는 각자가 경험하고 확인해서 깨달은 '이게 좋다'라는 지혜도 많이 있을 것입니다. 그런 것들을 서로 나누는 일은 중요하지만 그렇다고 강요하지는 맙시다. 하다 못해 어떤 음식에 대해 맛있다, 혹은 맛없다는 느낌조차 설사 자기 자식이라도 그 사람의 기호이고 자유입니다. 생활방식에 있어서 좋음과 나쁨도 제각각입니다. 제안을 받아들일지 여부도 그 사람의 자유입니다. '당신을 위해'라는 주문으로 속박하려 들어서는 안 됩니다.

014

나라는 사람은
누구에게나 관심사일까?

'나'라는 사람은 누구에게나 최대의 관심사일까요? 어떻게든 내 이야기를 들려주고 싶고, 항상 내가 앞에 나서고 싶은 자기 현시욕은 누구나 가지고 있습니다. 하지만 한 발 물러서서 조심스럽게 행동합시다. 때로는 참고, 한 발 물러나 줍시다. 그렇다고 너무 조심스럽기만 하다면 무책임한 방관자가 되어버릴 수도 있습니다. 어떤 지점이 적당한지 가늠하기가 어렵기 때문에 항상 주의해야 합니다.

015

마음의 셔터

언제나 마음을 여세요. '신이 되라'는 말처럼 들릴지
도 모릅니다. 그럼에도 불구하고 대놓고 부정하지는
맙시다. '노!'라는 대답을 미리 생각해 놓고 대하지 맙
시다. 누구를 만나든 마음의 셔터를 먼저 내리지 맙시
다. 처음부터 부정하고 나오는 것은 대화의 실마리를
톡 끊어 버리는 처사입니다. 부정은 또한 다툼의 씨
앗이 됩니다. 어떤 의견이라도 마음을 열고 들어 봅시
다. 그 의견을 받아들이지 못하겠다는 반응은 맨 나중
에 해도 늦지 않습니다.

016

배신당했다고 느꼈을 때

서로 신뢰하고 예의를 갖춘 신중한 관계를 구축해 왔다고 믿었는데, 그런 관계에서도 배신당하는 경우는 있을 수 있습니다. 상처를 입고 슬퍼하고 화를 터뜨리고 싶을 것입니다. 원망스럽고 미울 것입니다. 하지만 모든 사람이 내 마음과 똑같지 않기 때문에 때로는 배신을 하기도 합니다. 추궁한다고 해결되는 일은 아무 것도 없을 테니 추궁을 멈춥시다. 어쩌다 배신당했다는 생각이 들거든 '그 사람에게도 분명 피치 못할 사정이 있을 거야' 하고 생각합시다. 감정적으로 대하지 말고 절대 책망하지 않아야 합니다. 인간은 약한 존재입니다. 당신도 배신자가 되어야 할 경우가 있습니다.

017

나보다 뛰어난 사람과 사귀기

나보다 뛰어난 사람들과 사귀는 것은 사실 너무나 힘든 일입니다. 힘껏 까치발을 해야 하고, 나의 부족한 부분이 그대로 들통이 나고, 그 차이를 현실로 받아들여야 하고, 상대와의 격차를 줄이기 위해 노력해야 합니다. 하지만 그렇게 노력하는 관계 속에서 우리는 성장합니다. 그저 편안하고 친한 사람들끼리 있을 때는 맛보지 못하는 긴장감이 자신의 수준을 높여줍니다.

018

새로운 것과
낡은 것의 균형

새로운 것은 새롭다는 이유만으로도 힘이 있습니다. 비싸지 않은 옷이라도 새 옷을 사면 기분이 좋지 않나요? 번거로운 작업도 새로운 도구를 사용해서 하면 색다른 의욕이 생깁니다. 그러나 새로움의 힘에만 의지하는 것도 생각해 봐야 합니다. 새로운 것도 언젠가는 헌 것이 되고 말 테니까요. 새로움과 낡은 것의 균형을 찾읍시다. 지금 있는 것으로 부족한 건지, 잘 연구해서 활용할 수 없는지, 갈고 닦으면 멋지게 되지 않을지, 한 걸음 떨어져서 바라봅시다. 물건도, 능력도, 그리고 사귀는 사람도 새로운 게 다 좋은 건 아닙니다.

019

소박하지만 훌륭한 식사

잘 씻은 쌀에 적당하게 물을 붓고 세심하게 불을 조절하면서 갓 지은 하얀 쌀밥. 진한 맛보다는 멸치국물을 내서 된장과 함께 재료 하나하나가 가진 본래의 맛을 느낄 수 있는 깊은 맛의 찌개. 기왕이면 이렇게 맛있는 식사를 합시다. 요란한 음식이 아니어도 정성스러운 마음 하나면 매일 매 끼니 맛을 음미하며 먹을 수 있습니다. '뭐든 배만 채우면 되는 한 끼' 혹은 '진한 맛에 짜릿한 양념을 가미한 반찬'으로는 어딘가 싸구려 같고 서글프지 않은가요?

020

음미하면서 아주 천천히

식사란 단순히 배를 채우기 위한 것만은 아닙니다. 한 끼의 식사는 우리의 인생에서 즐거운 한 순간입니다. 반찬 하나하나의 맛을 음미하면서 천천히 먹도록 합시다. 모처럼 마련한 식탁 위의 여러 음식들을 아무 생각 없이 허겁지겁 먹는 버릇이 몸에 배어 있다면 고치도록 노력합시다. 바쁘다고요? 급하다고요? 배가 고파 견딜 수가 없다고요? 매일매일 하루 세 끼가 다 그런 건 아닐 테지요.

021

시간과 노력 안에 숨어 있는 재미

'식사 준비하기가 귀찮다'며 상점에서 만들어 놓은 반찬을 사다가 식탁을 차리고 남는 시간에는 '할 일이 없어서 지루하다'며 불평을 늘어놓습니다. 귀찮음과 불평, 두 가지 모두 흔히 있는 현상이지만 참 안타까운 이야기입니다. 시간과 노력을 들이면 지루할 틈이 없어집니다. 예를 들어 잼을 만들 때, 재료를 잘 씻어 준비하고 보글보글 끓이는 그 시간이 즐거움입니다. 요리만이 아닙니다. 얼마나 많은 재미가 시간과 노력 안에 감추어져 있는지 보물찾기를 해봅시다.

022

이
얼마나

사
치
스
러
운
일인가
요

요리는 재료를 사고 다듬어 조리하고 적당한 그릇을 골라 담고 식탁에 내는 단계까지를 말합니다. 말할 것도 없이 뒷정리도 요리의 한 부분이지요. 잘 알고 있는 사항일지도 모르지만 이따금 스스로 다짐을 해봅시다. 간단한 주전부리부터 시작하여 전채, 메인으로 이어지는 풀코스는 실로 화려하지요. 하지만 진정한 풀코스는 나날의 생활 속에서 맛보는 것입니다. 장을 보고 요리를 하고 그릇을 골라 담아내서 소중한 사람들과 함께 그 맛을 즐깁니다. 얼마나 사치스러운 일인가요.

023

지금 먹고 싶은 것

'지금 내가 먹고 싶은 것은 뭘까?' 하고 자신의 몸에 질문을 던지는 것은 중요합니다. 단 것이 먹고 싶고, 진한 맛에 끌리고, 채소가 좋을 것 같고, 고기가 먹고 싶고 등등. 먹고 싶은 음식으로 그때 자기 몸의 상태를 알 수 있습니다. 사람들은 말합니다. 건강이 좋지 않을 땐 몸에 나쁜 것만 먹고 싶은 거라고. 불량식품으로 분류되는 정크푸드를 먹고 싶어서 참을 수 없다면 몸에 이상이 올 징조일지도 모릅니다. '뭐가 먹고 싶어?' 하고 스스로에게 물어봅시다.

024

손에서 손으로

음식을 전했던 옛날처럼

그릇이란 원래 손바닥입니다. 옛날에는 손에서 손으로 음식을 건네주었다고 합니다. 손은 온기가 있는 그릇이므로 식기는 반드시 따뜻하게 해 둡시다. 접시를 따뜻하게 하고 나서 따뜻한 음식을 담는 것만으로도 평범한 파스타가, 그저 그런 카레라이스가 멋진 요리가 됩니다. 냄비나 주전자로 물을 끓여 그릇을 데워도 좋습니다. 물기를 말끔하게 닦는 것도 잊지 맙시다. 컵도 같은 요령으로 따뜻하게 해서 사용해 보세요.

025

그릇은 음식의 옷

'그릇은 음식의 옷'이라고 표현한 예술가가 있습니다. 맛있는 요리도 아무 그릇에나 담으면 '눈요기'라는 재미있고 중요한 과정이 사라집니다. 요리를 하면서 어떤 그릇에 담을지 생각해 둡시다. '어떤 음식이나 어울리는 하얀 그릇'을 주장하는 사람도 있지만 사실 하얀 접시는 어려운 재료입니다. 그릇의 품질이 그대로 드러나기 때문입니다. 반대로 검은색이나 파란색은 비싸지 않은 가격으로도 음식과 잘 어울리는 제품을 찾기가 쉽습니다. 무늬가 있는 것도 재미있고 컬러풀한 접시도 쓸모가 있지요. 여러모로 시도해 보면 어떨까요.

026

있으면 있는 대로, 는 피하기

'있으면 있는 대로, 없으면 없는 대로 뭐든지 한다'라고 하면 낭비가 없고 현명한 방법으로 생각할 수도 있습니다. 하지만 '되는 대로' 해서 본질까지 닿을까요? '흉내'는 낼 수 있어도 진짜는 불가능한 게 아닐까요? '없으면 없는 대로 맞춘다'는 말이 정답일 때도 있지만, '되는 대로'란 응급처방 혹은 차선책일 뿐입니다. 일상적으로 '되는 대로 해치우는' 것은 준비를 게을리하고 있다는 의미입니다.

027

컬렉션이 아니고 셀렉션

컬렉션은 많이 모으는 것이 좋습니다. 반면에 셀렉션은 세심하게 골라야 합니다. 물건은 물론이고 모든 것은 셀렉션이 중요합니다. 예를 들면 '뭐든 좋아' 하면서 커피만 마시기보다 그날의 컨디션이나 기분을 잘 살펴서 신중하게 음료를 고르는 것이 생활을 훨씬 더 윤택하게 해줍니다. 신중하게 선택하는 '셀렉션'이라는 의식을 소중하게 여깁시다. 분명 하루가 달라질 겁니다.

028

냉장고 안을 매일 살펴보기

냉장고 안의 내용물을 매일 살펴봅시다. 용량이 커서 많이 들어가는 요즘 냉장고라면 더욱 잘 살펴야 합니다. 무엇이 남아 있는지를 항상 파악하고, 있는 것을 이용해 음식을 장만합니다. 쇼핑이란 그 자체가 즐거운 일이기는 하지만 자칫하면 쓸모없는 물건을 사들일 수도 있습니다. 새로운 레시피에 맞는 재료를 사들이기보다 지금 냉장고 안에 어떤 재료들이 있는지를 살펴보는 편이 오늘의 반찬을 선택하는 데도 수월합니다.

029

이런 음식은
좀 시시하지 않을까요?

첫 입에는 무슨 맛인지 모릅니다. 두 번째, 세 번째 맛을 음미합니다. 결국 발견하는 것은 재료의 맛. 그 정도로 진하지 않은 양념이라면 마지막 한 입까지 맛있게 먹을 수 있습니다. 외식을 할 때나 사 먹는 반찬은 양념이 진해서 첫 입에 강렬한 맛을 느낄 수 있는 대신 여운이 없습니다. 그래서 집에서 차리는 식탁은 양념이 진하지 않아야 합니다. '이건 케첩 맛이구나' 하고 단박에 알 수 있는 음식은 좀 시시하지 않을까요? 그릇에 담을 때도 쓸데없이 많이 담지 않으면 보기에도 좋고 몸에도 좋습니다.

완벽 그 다음을 응시하기

청소기를 돌린 뒤 걸레질도 하고, 구석구석 꼼꼼하게 닦고 보이지 않는 곳의 먼지도 털어냅니다. 이렇게 해 놓고 '완벽해!' 하고 생각할 때가 있습니다. 하지만 모든 것은 항상 미완성입니다. 완벽을 추구하는 것은 끝나지 않는 여행과 비슷합니다. 항상 도중입니다. 살짝 까다로운 사람이 되어 완벽을 의심합시다. 거기서 개선할 점을 찾아내다 보면 오늘의 완벽을 웃도는 완벽이 보일 것입니다. 청소에 한정된 이야기가 아니라는 점을 잊지 마세요.

031

작은 청소의 권유

매일 청소를 해도 대청소를 할 때 말고는 손이 닿지 않는 장소는 많이 있습니다. 그래서 대청소의 풀코스를 분할하여 매일 '작은 청소'를 합시다. 매일 하는 똑같은 청소에 덧붙여 '오늘은 베란다', '오늘은 전등 갓' 이런 식으로 구석구석 작은 청소를 합시다. 항상 깨끗하면 기분도 좋고 성취감도 있습니다. 이렇게 반복하다 보면 거창한 대청소는 굳이 하지 않아도 됩니다.

032

식탁 위의 의식

식탁은 먼저 물기를 꼭 짜낸 행주로 닦은 다음 마른 행주로 닦습니다. 그런 다음 다시 한 번 마른 헝겊으로 '깔끔하게' 닦아냅니다. 음식을 먹는 식탁은 자칫 더러워지기 쉽기 때문에 젖은 행주로 한 번만 닦으면 오히려 더러운 때를 넓게 펼치고 마는 격이 됩니다. 그렇기 때문에 마른 행주로 닦아야 하는데, 이때 다시 한 번 마른 헝겊으로 닦아줍니다. 더러움을 닦기 위해서라기보다 식탁을 말끔하게 하기 위한 의식 같은 것입니다. 생활 곳곳에서 그런 의식들을 만들고 지키는 것이 중요합니다.

033

손님으로서의 품위

레스토랑 같은 곳에 가면 편한 대로 행동해도 될 것 같은 손님의 입장이 됩니다. 그러나 그 공간의 분위기를 품위 있게 만드는 책임은 손님 측에도 있다는 것을 잊지 맙시다. 다른 손님을 불쾌하게 하는 일, 종업원의 기분을 상하게 만드는 일은 삼가야 합니다. 그것은 에티켓인 동시에 손님으로서의 품위입니다. 음식을 맛있게 먹고 다른 사람이 보기에도 유쾌한 처신을 하도록 합시다. 어느 자리에서나 마찬가지입니다. 그 자리의 책임은 그곳에 있는 자신에게도 있다는 것을 잊지 맙시다.

034

아름다운 마음가짐과 몸가짐

어른다운 마음가짐과 몸가짐은 세심한 배려이며 누가 봐도 아름다운 모습입니다. 조용히 상대의 입장을 고려합니다. 입 밖에 내서 노골적으로 묻지 않고도 '지금은 그냥 가만히 내버려두기를 원하는구나' 하고 헤아립니다. 살다 보면 굳이 말로 확인하지 않아도 되는 것들이 많다는 것을 알게 되지요. 나이가 들수록 그 자리에 어울리는 처신이 무엇인지 알아야 합니다.

타인에게 말 걸기

대화를 나누지 않고도 의사소통이 가능한 사회에서 살다 보면, 나도 모르게 누군가에게 말을 걸어주는 배려를 잊습니다. 가족, 이웃 공동체, 직장 등에서 용무가 있거나 없거나, 할 이야기가 딱히 없어도 인사를 건넵시다. '잘 지내지?' '기분 좋은 날씨지?' '요즘 어떻게 지내?' 어떤 말이든 좋습니다. 일단 말을 걸어봅시다. 이 짧은 안부가 '나는 당신에게 늘 마음을 쓰고 있습니다'라는 사인입니다. 내가 먼저 말을 건네면 상대는 안도감을 느낄 수 있고, 뿐만 아니라 나 자신도 편안해집니다.

036

농담을 주고받을 때에도

품위를!

이야기할 때는, 전해야 할 내용을 분명하게, 그러나 부드러운 목소리로, 상대가 듣기 좋게 합시다. 박식함을 과장하려고 하기보다 어려운 내용도 알아듣기 쉽게 풀어 이야기합니다. 부담 없는 분위기에서 농담을 주고받을 때에도 품위를 지킵시다. 실없어 보이는 이야기를 하거나 쓸데없는 이야기를 장황하게 하고 있지는 않은지 항상 점검합시다. 말이 많아지면 실수하기 쉽고, 말로 인한 실수는 꼭 되돌아옵니다.

037

살아 있는 말로 대화하기

말은 타인에게 생각을 전달하기 위한 도구입니다. 그러니 대화에서 쓰는 단어나 문장은 상대방이 알기 쉬워야 하지요. 요령은 구체적으로 표현하는 것입니다. 무라카미 하루키 씨의 소설은 비유가 구체적이기도 하고 듣기 좋은 클래식 음악이 곁들여지기도 합니다. 요리 하나만 해도 사소한 부분까지 구체적이기 때문에 실감이 납니다. 구체적인 것은 살아 있습니다. 듣는 이의 상상력을 더욱 활발하게 자극합니다. 그래서 상대방에게 더 빨리 전달되고, 기억에 더 오래 남습니다. 평소에 구체적인 묘사나 적절한 비유를 사용해 글을 쓰고 말을 하는 연습을 해봅시다.

038

처음, 중간, 끝의 3단계

타인과 이야기를 하려면 시작하는 단계와 내용을 전달하는 중간이 있어야 하고, 마지막엔 결론을 분명하게 맺어야 합니다. 그렇지 않으면 상대는 이해하기 힘듭니다. 자신이 어떤 일을 이해하고 싶을 때도 마찬가지입니다. 처음, 중간, 끝을 의식하면 좋을 것입니다. 책에는 기승전결이 있기 때문에 처음(기), 중간(승과 전), 끝(결)의 구조를 생각하면서 읽어봅시다. 상대가 이해하기 쉽게 이야기를 하거나 문장을 쓰는 훌륭한 교재가 될 것입니다. 세상 모든 일도 마찬가지입니다. 처음, 중간, 끝의 3단계를 잊지 마세요.

039

정중하고 유쾌한 말씨

친해진다는 것이 '뭐든지 다 OK'는 아닙니다. 특히 주의해야 할 몸가짐은 말씨입니다. 말씨는 말의 모양으로 말하는 사람의 태도를 보여줍니다. 그러니 상대에게 고스란히 전달되지요. 답답할 정도로 정중한 말과 무례할 정도로 거친 말은 아무래도 유감스럽습니다. 그 중간을 유지해야 합니다. 아무리 친해도 상대에 대한 경의를 잊지 않고 이야기하도록 합시다. 윗사람에게나 아랫사람에게나 정중한 말씨를 쓰도록 스스로의 기본으로 삼읍시다.

040

어른이란
말을 신중히 다루는 사람

어른이 되려면 말을 신중히 다루는 법을 알아야 합니다. 모두가 신뢰하는 사람은 입이 무거운 사람입니다. 내가 한 이야기가 고스란히 새어나가 버렸다면 무서워서 아무 이야기도 할 수 없게 됩니다. 아무것도 아닌 이야기가 때로는 크게 물의를 빚고 왜곡되기도 하므로 주의해야 합니다. 또한 대화하기 편한 사람은 자신이 아는 것을 떠벌이지 않는 사람입니다. 말없이 들어주는 사람은 언제나 상대에게 지혜와 포용력을 느끼게 합니다.

041

기다릴 때의 태도

누군가를 만날 약속을 했을 경우, 상대를 기다리며 서 있는 모습은 그때 자신의 기분을 그대로 반영합니다. 말하자면 누군가를 기다린다는 것은 작은 인내심이 강요되는 일입니다. 초조한 기분이 그대로 드러나거나 피로가 배어나거나 '혹시 안 오면 어쩌지?' 하는 불안이 감돌기도 합니다. 그래서 누군가를 기다리면서 서 있는 모습이 아름다운 사람은 멋집니다. 자세는 반듯하게, 기분 좋은 얼굴로 기다리도록 스스로를 의식합시다.

042

주위를 따뜻하게 만드는 표정

언제나 입꼬리가 올라가 있는 사람이 있습니다. 이 모습은 화려한 립스틱보다 값비싼 넥타이보다 훌륭한 몸가짐입니다. 올라간 입꼬리에서 '항상 즐겁다'는 무언의 메시지가 전달되면서 주위의 공기를 따뜻하게 합니다. 그 입꼬리에 여유와 배려가 담겨 있기 때문입니다. 상대방의 긴장한 어깨를 풀어주고 무슨 말이든 하고 싶게 만들어주기 때문입니다. 게다가 그 모습을 보는 상대의 입꼬리가 올라가면 또 그 옆의 누군가의 입꼬리도 올라갑니다. 온화한 표정보다 힘이 센 표정은 드뭅니다.

043

인사는 마음을 담아 건네는 것

사람을 감동시키는 인사에는 마음이 담겨 있습니다. 인사는 아무렇지도 않게 하는 것 같지만 마음의 상태를 드러냅니다. 마음이 없는 인사는 서글플 뿐입니다. 만나서 기쁜 '안녕, 좋은 아침'과, 오늘 하루도 즐거웠다는 인사로 '안녕, 또 봐'를 잊지 맙시다. 오랜만에 본 사람에게는 관심을 담아 '잘 지냈어?' 고마운 일이 있었다면 진심을 담아 '고마워, 정말'을 잊지 맙시다. 인사는 마음을 담아 건네는 것으로, 모든 일과 관계의 처음이자 마지막입니다.

044

하지만,이라고 말하지 않기

'하지만'이라고 말하는 버릇은 설사 나쁜 뜻이 없더라도 쓰지 맙시다. 누군가 '그 식당이 좋아' 하고 가르쳐줬을 때, '하지만 이쪽 가게가 더 대단해'라고 대꾸하는 것은 상대의 이야기를 밀쳐내고 자신이 알고 있는 것을 주장하는 태도입니다. 그런 버릇이 있다면 꼭 고칩시다. 훌륭한 사람은 나이를 먹을수록 온순해지고 어떤 이야기도 감탄하며 듣습니다. 좋은 것이 있다고 들으면 시도해 보고 좋은 영화가 있다는 말을 들으면 보러 갑니다. 이 겸손함에서 얻는 게 참 많습니다.

045

배려할 기회를 놓치지 말기

배려는 변화하는 것입니다. 한 가지 답을 찾았다고 해도 절대적인 것은 아닙니다. 상대의 이야기를 들어주는 것이 좋은 배려일 때도 있지만 잠자코 바라보기만 하는 것이 좋을 때도 있습니다. '지금 이 상황에서의 배려는 뭘까?'를 잘 생각하고 '이렇게 해주기를 바라는구나'라고 알아차릴 수 있도록 신경 씁시다. 그리고 꼭 그 배려를 표현하도록 합시다. 지금 내가 할 수 있는 것을 얼른 내밀어 줍시다.

046

말하기 전에 듣기

대화를 할 때 염두에 두어야 할 것은 자신의 이야기를 하기보다 상대방의 이야기를 듣는 것입니다. 상대의 이야기에 귀를 기울이면 그 순간 다양한 가능성이 열립니다. 상대로부터 뭔가를 배우기도 하고, 상대가 나를 믿어주기도 하고, 그러는 가운데 나에게 도움이 되는 내용을 알게 되기도 합니다. 어디 말의 내용뿐일까요. 사람을 얻을 수도 있습니다. 말해서 얻는 것보다 들어서 얻는 게 훨씬 많습니다.

047

편지를 써야 할 때와
그러지 말아야 할 때

메일이나 SNS는 편리한 소통방식입니다. 그렇다고 편리함만 추구하다가는 많은 것을 잃습니다. 중요한 부탁을 할 때는 편지보다 나은 게 없습니다. 편지지와 잉크를 고르고, 문장을 생각하고 가다듬고, 맞춤법이 틀리지 않도록 주의를 하면서 쓰는 그 시간에 생각이 정돈됩니다. 단 사과할 때는 편지로 하면 형식적이 되어 '정성을 다해 사과의 뜻을 전했으니 끝' 이렇게 됩니다. 사과할 때는 만나서 얼굴을 보고 고개를 숙이면서 정중하게 합시다. 사소한 일이지만 꼭 분별해야 할 일입니다.

048

악의는 없겠지만
결국 아름답지 않은 일

개인적인 일을 간섭하거나, 가족에 대해 상대가 대답하기 곤란한 질문을 하는 사람이 있습니다. 혹시 '그와는 허물없는 사이라 시시콜콜 물어봐도 된다'고 생각하지는 않습니까. 왜 묻고 싶은가 하면 그냥 알고 싶기 때문이겠지요. 단순한 흥미일 뿐 악의는 없겠지만 결코 아름답지는 않습니다. 인격이 훌륭한 사람은 문이 열려 있어도 함부로 들어가지 않는 분별을 갖추고 있습니다. 개인적인 사항은 함부로 언급하지 맙시다. 어쩌다 신경이 쓰이는 표정이 보여도 못 본 척하는 게 적당합니다.

049

깨끗하고 단정하게

손수건, 휴지, 손톱깎이. 초등학교에서 위생검사를 수십 년 전부터 줄기차게 해오고 있는 것은 그것이 기본이기 때문입니다. 따라서 어른이 되면 이런 것들은 자연스럽게 확인할 수 있어야 합니다. 몸가짐은 청결한지, 머리가 지저분하게 자라 있지는 않은지, 복장에 옷결이 흔적이나 접어 놓았던 자국은 없는지, 전체적으로 말끔한 차림새인지. 예의바르게 처신하는 것도 몸가짐 중 하나입니다. 습관처럼 점검하도록 합시다.

050

조용하고 침착하게

어른이란 모름지기 조용하고 침착한 모습이어야 합
니다. 레스토랑이나 식당에서 큰소리로 이야기하는
것도 무례한 행동입니다. 그런 모습은 셀프서비스를
하는 카페에서조차도 거칠고 상스러운 느낌을 줍니
다. 쿵쾅거리며 걷고, 문을 꽝! 소리가 나게 닫고, 큰
소리가 나도록 컵을 놓는 행동 등등. 거친 의태어로
표현되는 동작은 삼가야 합니다. 엘리베이터 단추를
누를 때도, 대중교통 자동개찰구에 카드를 댈 때도 마
찬가지입니다. 점잖고 조용한 태도인가 아닌가로 인
상은 많이 달라집니다.

051

바쁘거나 긴장하거나 힘들 때

마라톤을 할 때 힘들어지면 숨을 들이쉬게만 됩니다. 하지만 괴롭고 고민스럽고 힘들 때, 문제를 해결하는 가장 좋은 방법은 숨을 내쉬는 것입니다. 의식적으로 숨을 내쉬면 저절로 들이마시지 않을 수 없게 되어 균형이 잘 잡힐 것입니다. 평소 생활에서도 마찬가지입니다. 바쁘거나 긴장하거나 어려울 때는 숨을 내쉽시다. 기억해 두고 실천하면 반드시 도움이 될 것입니다.

052

체온계는 필수품

마치 부적처럼 항상 체온계를 가지고 다닙시다. 그리고 아무 때나 부담 없이 체온을 재봅시다. 열이 오르거나 혹은 내려가면 몸을 보살피게 되니 그만큼 건강유지에 도움이 됩니다. 이것을 생활화하면 병원에 가지 않고도 건강을 유지할 수 있습니다. 정상이라면 안심하고 더 활발하게 활동합니다. 기운이 날 겁니다. 체온계는 건강관리와 생활관리를 위한 필수품입니다.

053

거울 속에
나를 자주 비추기

거울은 현실을 비춰주는 도구입니다. 가끔 거울 속에 자신을 비춰 봅시다. 인정하고 싶지 않은 결점을 발견할지도 모릅니다. 그래서 나이를 먹으면 점점 더 거울을 보고 싶지 않은 것인지도 모르겠습니다. 그렇지만 거울을 자주 들여다보도록 합시다. 신경이 쓰이는 점이 있다는 건 사람을 조심하게 만드니 좋은 일입니다. 무시하고 건너뛰고 눈감아 버리는 게 무서운 일입니다.

054

변화를 받아들이며
세월을 거스르지 않기

현재의 어떤 것이 달라진다는 사실은 두렵습니다. 습관, 관계, 환경이 달라지는 것은 스트레스가 됩니다. 나이를 먹으면서 머리가 세거나 몸에 탄력이 없어지면 실망하는 사람도 있습니다. 하지만 변화하지 않으면 성장도 없습니다. 그저 퇴화할 뿐입니다. 나이를 먹는 것, 변화해가는 자신을 느끼고 즐기도록 합시다. 멋진 어른이 되려면 변화를 받아들여야 합니다. 세월을 거스르지 않아야 합니다. 변화를 즐기고 유연하게 대응하는 모습은 참으로 훌륭합니다.

055

어린아이로 되돌아가야 할 순간

경험을 쌓고 예의를 알고 지식을 축적하고 어떤 일에
나 적용하는 것. 이것은 어른이 되어가는 훌륭한 과
정이지만, 어느 날 문득 여러 겹의 옷을 껴입은 듯한
답답함을 느끼게 되기도 하는 일입니다. 일생의 어느
순간, 벌거숭이가 되는 시점이 오는 게 아닌가요. 때
로는 어른스러움을 벗어던지고 어린아이다움을 되
찾도록 합시다. '나는 이런 걸 좋아하고, 저런 게 젬병
이고, 이러저러한 약점이 있다'고 그저 순수하게 나
를 대했던 순간을 떠올립시다. 거기서부터 진짜 어른
으로 가는 길이 시작됩니다.

056

애착은 나누고 마음은 잇고

'내가 애착을 느끼는 건 뭘까?' 하고 생각하다 보면 극히 개인적인 것들이 대부분입니다. 어린 시절의 추억이나, 성장 과정의 어떤 경험들이 떠오르니까요. 하지만 사람들이 애착을 느끼는 음식을 봐도, 예를 들자면 진귀한 스프보다도 된장국일 경우가 많습니다. 요란스러운 오믈렛보다 달걀말이. 결국 애착이란 지극히 평범한 것들입니다. 자신의 애착과 고집과 관련된 어떤 물건이나 경험은 많은 사람들과 나눌 수 있는 것들입니다. 적극적으로 자신의 애착을 다른 사람들과 나누어 보세요. 그렇게 사람과 사람은 마음과 마음이 이어지는 것입니다.

057

창피하고 손해만 볼 것 같더라도

좋아하는 음료를 앞에 놓고 홀로 앉아 '참마음' 즉 '순수한 마음'에 대해 생각해 봅시다. 대가를 바라지 않고 자신이 최선을 다하는 일은 무엇인가요? 순수하고 아무 것도 섞이지 않은 마음을 언제 느껴보았나요? 그리고 자기 나름대로의 '참마음'을 발견하면 그것을 누군가에게 표현해 봅시다. 대단한 게 아니라도 상관없습니다. 설령 창피할 것 같고 괜히 손해만 볼 것 같더라도 꼭 표현합시다. 그렇게 표현하면서 막연하게만 느껴졌던 자신의 진심이 무엇인지 조금씩 이해하게 됩니다.

058

깊이 깊이 더 깊이

삶아 놓은 매끈한 달걀의 겉모습을 보고 '하얀 것'이라고 단정하면 잘못된 설명입니다. 산뜻한 노른자가 있어야 비로소 삶은 달걀입니다. 사람이나 사물에 대해 함부로 다 아는 것처럼 '시시하다'고 단정해 버리는 것은 얼마나 안타까운 일인가요. 자극을 찾아 계속 덤벼들어도 무엇 하나 제대로 배우기란 힘듭니다. 늘 의문을 갖고 차분히 확인해야 합니다. 파고들어야 합니다. 그러면 더 큰 재미를 느낄 수 있고, 그래야 더 깊은 본질에 닿을 수 있습니다.

059

두 개의 스위치

머리를 쓰는 스위치와 마음을 쓰는 스위치는 따로 있습니다. 늘 양쪽을 켜 둡시다. 머리를 쓰는 방법에는 일종의 교본 같은 것이 있어서 적응이 되면 잘 쓸 수 있게 됩니다. 반면에 마음을 쓰는 법은 아무도 가르쳐주지 않습니다. 눈앞의 일을 좋게 보아야 합니다. 눈에 보이지 않는 사람의 마음도 잘 살펴보아야 합니다. 이렇게 노력하고 시행착오를 거치면 조금씩 마음을 쓸 수 있게 될 것입니다. 생활에 쫓기다 보면 머리로만 생각하게 되기 마련이므로, 의식적으로 마음을 쓰는 생활을 해야 합니다.

060

사실과 감정의 균형

'안다'는 것은 머리로 이해하는 행위를 의미합니다. '느낀다'는 것은 마음으로 받아들이는 행위입니다. 중요한 것은 알고 있는 사실과 느끼는 감각의 균형입니다. 머리로는 납득할 수 있어도 느끼는 부분은 왠지 믿을 수 없다면, 가령 자신이 상대에게 무엇인가를 전하고 납득시켜야 하는 쪽일 때는 '아는 것'만으로 밀어붙이지 말고 '느끼는' 부분을 호소하도록 합시다. 자신의 상황을 잘 설명하는 것이 가장 효과적인 주장입니다.

061

동경하는 마음

동경하는 마음보다 더 좋은 동기는 없습니다. 동경
하는 마음이란, 타인에게 영향을 받지 않는다는 측
면이 있기 때문에, 순수한 자신을 아는 단서가 됩니
다. 이상하게도 어른이 되면 어릴 때 동경하던 사람
이 나도 모르게 부각되어 떠오릅니다. '아, 난 역시
이런 사람을 좋아하는구나' 하고 확인하는 것은 멋
진 일입니다.

062

열정과 낭만

현명해서도 아니고, 하고 있는 일의 규모도 아니고, 유명하다거나 부자라거나 특별히 아름답다거나 등등, 물론 그런 건 아닐 것입니다. 어떤 사람이 가진 에너지에 무조건 끌릴 때가 있습니다. 일종의 열기 같은 것에 빨려들어 나도 모르게 박수를 치고 싶어질 때가 있습니다. 이런 사람은 열정과 낭만이 있는 사람입니다. 계산이 없는 열정과 낭만. 이것만 있으면 아무리 큰 꿈이라도 이룰 수 있습니다. 마음속에 꼭 간직합시다. 그 외의 것들에 흔들리지 맙시다.

063

세
번
째
힘

사람이 태어나 성장하면서 사회생활에 익숙해지면 두 가지 힘을 터득할 수 있습니다. 곤란한 일을 피하는 기술과 곤란한 일을 극복하는 능력입니다. 둘 중 어떤 능력을 사용할지는 각자가 선택하기 나름입니다. 가능하면 피하지 말고 극복하는 능력을 활용하기를 권합니다. 트러블은 나의 비즈니스! 즉 곤란한 일을 어떻게든 극복하고 해결하는 것이 미덕이라고 생각하면, 곧 세 번째 힘을 얻을 수 있을지 모릅니다.

064

슬픔은 필수적인 감정

슬픈데도 슬프지 않은 척하다 보면, 언젠가 슬프다는 감정을 아예 느낄 수 없게 됩니다. 그러다가 슬픔을 분노로 바꾸어 발산하는 습관이 생기고, 분노로 인해 상처는 점점 깊어집니다. 슬픔은 인간이 성장하는 데 필수적인 감정입니다. 슬픔을 슬픔으로 받아들이세요. 부정적인 감정이란 애초부터 없습니다. 그리고 슬픔을 알면 알수록 타인의 마음을 이해하는 힘도 세집니다.

065

도덕이란
그때그때 취해야 할 태도

도덕이란 강제로 주어지는 어떤 규칙이 아니고, 그렇다고 시대를 초월해 존재하는 불변의 것도 아닙니다. 굳이 말하자면 도덕이란 '사람이 그때그때 취해야 할 태도'입니다. 가족, 친구, 회사, 공동체, 그 자리나 관계에 의해서도 도덕은 달라질 것입니다. '지금 이 상황에서의 도덕이 무엇일까?'를 작은 관심사로 가져둡시다. 그렇게 하면 제멋대로 처신하지 않게 되고 관계도 세상도 조금씩 건강해질 것입니다.

066

한 가지에 집중하기

시간을 퍼즐로 보고 빈 공간에 계속해서 해야 할 일을 채워 넣습니다. 요즈음엔 더욱 '내친김에 뭔가를 한다'는 방식이 모든 국면에서 늘어나고 있습니다. 바쁘기 때문입니다. 조바심이 나기 때문입니다. 효율적이고 좋은 면도 있겠지만 한 가지 일에만 집중하도록 합시다. 그래서 얻은 무언가가 자신 안에 더 확고하게 남습니다. 타인에게 뭔가를 전할 때도, 이것저것 한꺼번에 욕심을 내기보다 하나로 집약해서 전하는 것이 더욱 확실하게 전달됩니다.

067

오늘 할 일과 내일 할 일

하루하루는 흩어진 점처럼 보이지만 단단히 이어져 있습니다. 오늘과 내일을 이어 나가는 것이 우리의 생명이 하는 일이기도 합니다. 오늘 하루는 매우 중요하지만 오늘만을 위해 존재하는 시간은 없습니다. 오늘이라는 날은 내일을 위해 있기 때문에 내일도 기분 좋게 일할 수 있도록, 내일 하루도 행복하게 생활할 수 있도록 오늘을 소중하게 살아야 합니다. 오늘은 내일을 위해 있고, 내일은 오늘을 위해 있습니다.

068

좋은 잠을 위해서라면
아낌없는 투자를!

아침에 일찍 일어나는 비결은 뭘까요? 너무나 당연한 해답이지만 일찍 자는 것입니다. 규칙적인 생활은 중요한 기본이고 수면이 그 열쇠를 쥐고 있습니다. 젊을 때는 철야를 밥 먹듯이 해도 끄떡없었지만 나이를 먹으면 그렇지 않습니다. 잠을 희생하면 몸도 마음도 머리도 제대로 작동하지 않고 세 끼 식사도 맛이 없어지고 하루가 엉망이 됩니다. 베개와 시트, 침실의 조명과 공기 등을 잘 조절하고, 때로는 전문가에게 자문을 구하는 것도 좋은 방법입니다. 수면을 위한 투자! 절대로 손해 보지 않는 투자입니다.

069

침대 위에서 1분

잠이 깨면 그냥 일어나지 말고 침대에서 잠시 생각해 봅시다. 오늘의 날씨와, 몸과 마음을 포함한 자신의 컨디션을 점검하고, 하루의 스케줄을 떠올려 봅시다. 업무의 상황, 정해진 약속, 가족 스케줄 등 조정할 수 없는 일도 있겠지만, 하루를 처음부터 마무리까지 그려 보면 생각보다 유동적인 것들도 많을 것입니다. 이러한 자료들을 머릿속 컴퓨터로 차근차근 검색하고 정리합니다. '자, 오늘은 이렇게 보내야지' 하고 정해지면 그때 벌떡 일어납니다. 오늘의 계획을 완성하는 시간, 단 1분이면 충분합니다.

070

생활의 리듬 만들기

아침에 눈이 떠지면 오늘 하루의 리듬을 생각해 봅시다. 언제 집중해야 하고 언제 느슨하게 좀 풀어져도 되는지 하루의 강약을 악보처럼 그려 봅니다. 그 달의 후반부에 접어들었다면 다음 달의 리듬까지 생각합니다. 종종거리며 바쁘게 움직이는 경우도 있고, 왈츠를 추듯 유연하게 보내는 경우도 있을 것입니다. 이제 곧 계절이 바뀌는 시점이라면 다음 3개월의 리듬까지 생각합니다. 크리스마스를 맞이할 즈음이면 내년의 리듬을 생각합니다. 생활의 리듬을 의식하면 하루하루를 균형 있게 보낼 수 있습니다.

071

3주씩 끊어서
설계하고 실천하기

스포츠, 취미, 새로운 규칙, 식사법과 일찍 일어나기 같은 것도 있을 것입니다. 생활 속에 새로운 프로젝트를 채워 넣고 싶다면 우선 3주씩 해보는 것이 좋습니다. 1주로는 좀 짧고 2주를 잡아도 어정쩡합니다. 3주를 시도하면 내게 맞는 리듬인지, 정말 필요한 것인지, 계속할 수 있을지 알 수 있습니다. 적당히 시작하여 점점 흐지부지되거나 고집만 부리고 있기보다 처음에 '시도 기간'을 정해 두면 좋은 습관이 뿌리를 내리는 데 큰 도움이 됩니다.

072

오후 세 시의 티타임

아무리 바빠도 하루에 한 번은 멈춥니다. 그때가 오후 세 시의 차 마시는 시간입니다. 새벽부터 작업에 몰두하는 장인들은 이 시간을 '열 시와 세 시의 티타임'이라고 합니다. 아침 일찍부터 일을 해야 하는 주부도 이처럼 두 번이면 됩니다. 회사에서 일하는 직장인은 아홉 시가 업무의 시작이므로 세 시에 한 번이면 족합니다. 15분이든 30분이든 손을 멈추고 일을 중단하고 차를 음미하며 간식도 조금 곁들입니다. 세 시의 차를 차분히 즐기다 보면 한층 힘이 납니다.

073

감사로 시작하여
감사로 끝내기

무슨 일이든 감사하는 마음으로 시작하고 감사하는 마음으로 마칩니다. 목표했던 결과가 나왔을 때만 '감사합니다'를 말하는 것은 바람직하지 않습니다. 비참한 결과, 아쉬운 결과, 마음에 들지 않는 결과라도, 그것은 모두 내가 시간을 들이고, 다른 사람들이 시간을 들인 결과입니다. 그러니 그럴 때에도 감사의 마음을 표현하는 것은 지극히 당연한 일입니다. 함께 일한 사람들에게 감사의 인사를 잊지 마십시오. 현명한 분별입니다.

074

시간을 뺏는 것은

아주 커다란 민폐

시간과 돈은 누구에게나 똑같이 소중한 것입니다. 약
속시간에 늦거나 혼자만 멋대로 스케줄을 정하거나
상대의 사정은 아랑곳하지 않고 장황한 이야기를 늘
어놓는 것은 돈을 훔치는 것과 마찬가지로 남에게 폐
를 끼치는 일입니다. '나는 시간이 있으니까 상대도
그렇겠지'라던가 '지금 즐거우면 시간은 관계없다'는
식의 언동이 허용되는 건 기껏해야 학창시절까지임
을 잊지 마세요.

075

움직이지 말고
가만히 지켜보기

신참 우주비행사가 팀에 합류했을 때는 움직이지 않는 것이 중요하다고 합니다. 이미 팀의 방식이 있고 우수한 사람들이 각각 역할을 하고 있기 때문입니다. 그런 상황에서 혼자 의욕에 차서 자신의 방식을 주장하면 민폐가 된다는 것입니다. 그것과 마찬가지로 이사, 이직, 강습을 시작하는 등 새로운 인간관계에 끼어들 때는 한동안 움직이지 않고 지켜보도록 합시다. 자기주장 같은 제안은 잠시 거두고 꼭 필요한 자질구레한 일을 묵묵히 합니다. 때로는 움직이지 말고 가만히 지켜봅시다.

076

유연하게 대응한다는 것은

어떤 일을 함께 할 때, 누군가 새로운 도구, 방법, 견해를 제시하면, 열린 마음으로 대응하는 유연함을 가집시다. 그러나 명심해야 할 점은, 이렇게 대응할 때라도 자신의 축까지는 움직이지 말아야 한다는 것입니다. '흔들리지 않는 나'라는 굳건한 나무에 유연한 대응으로 터득한 새로운 잎을 싹트게 합시다. 새로운 잎이 많아질수록 나무는 울창해집니다.

077

나만을 위한 시간 마련하기

하루 중에서 나 혼자만의 시간을 따져 보면 의외로 많지 않다는 데 놀라게 됩니다. 직장에서 일을 하는 사람도 주부도 대부분의 시간을 '누군가를 위해' 혹은 '해야 할 일'에 할애합니다. 어떤 일을 하든 하루 24시간을 잘 안배하여 '나 혼자만의 시간'을 만들어 봅시다. 한 시간이든 30분이든 좋습니다. '원점으로 되돌아가야 할 일은 뭘까?' '지금 무엇에 흥미를 갖고 있나?'를 생각해 봅시다. 자신을 위한 시간을 갖는다는 것은 결코 이기적인 마음이 아닙니다. 그것은 필요불가결한 일입니다.

다음 버스를 기다리는 동안

딱히 바쁘지도 않으면서 자기도 모르게 자동차의 속도를 올리고 있지는 않습니까? 출발신호가 켜지면 반사적으로 달려 나가지 않습니까? 현대인은, 가만히 생각해 보면, 스피드 중독에 걸려 있습니다. 당일 배달 서비스나 짧은 시간에 이동할 수 있는 기차가 등장하면서 세상의 속도는 점점 빨라지고 있습니다. 세상이 빨리 돌아간다고 생활까지 속도를 올릴 필요는 없습니다. 우리는 속도를 올릴 수도 있지만 늦출 수도 있습니다. 다음 버스를 기다리는 동안 아무 생각 없이 보내는 시간도 중요한 시간입니다.

079

빨간색에 대해 오래 이야기를 해도

사과를 알 수 없는 것처럼

사과는 빨간색이지만 빨간색에 대해 아무리 오래 이야기를 해도 사과를 알 수는 없습니다. 중요한 것은 껍질을 벗긴 본질입니다. 겉모습 혹은 좋아하고 싫어하는 것에 대해서만 이야기를 하기엔 시간이 너무 아깝습니다. 좋아하면 그 좋아하는 본질에 대한 이야기를, 싫어하면 그 싫어하는 본질에 대한 이야기를 합시다. 서로의 의견을 나누고 서로를 깊이 알고, 다시 나 자신에게로 되돌아와서 차분히 생각합시다. 그것이 대화의 이유입니다.

080

내가 알고 있는 것이

틀릴 수도 있다는 여유

학교를 졸업하고 나서도 배움은 쉴 새 없이 계속됩니다. 나이가 들면 들수록 배워야 할 것들이 있습니다. '지금 환경에서 나는 무엇이 부족하고 그걸 위해 무엇을 배워야 할까?' 아주 바람직한 질문입니다. 또 '오늘 나는 무엇을 배워야 할까?'를 생각하면 하루를 더 적극적으로 충실하게 살 수 있습니다. 어른이 된다는 것은 이미 잘 알고 있다고 여기는 것들에 대해서도 의심하고, '다르게 생각해 볼 수도 있겠구나'라는 여유를 배우는 일입니다. 진지하게 생각하고 뭐든 배우려는 순수한 마음이야말로 어른의 마음가짐입니다.

081

노
스
크
린
데
이

한 달에 단 하루라도 좋습니다. 화면을 보지 않는 날을 만들어 봅시다. 텔레비전 화면, 컴퓨터 모니터, 스마트폰 등 매일같이 스크린을 마주하며 살다 보면 자기도 모르는 사이에 그 스크린에 지배당하고 맙니다. 스크린 속 세상이 전부인듯, 그곳에 갇히고 맙니다. 탈출해야 합니다. 바람이 불고 자연의 색이 찬란한 세상으로…… 스크린은 생활에 없어서는 안 되는 도구지만 운동도 하고 산책도 하면서 균형을 되찾도록 합시다.

082

땅과 생활의 역사 배우기

도쿄에서 태어나 도쿄에서 자랐다면 도쿄의 역사를. 긴자에서 직장생활을 하고 있다면 긴자의 역사를. 사이타마로 이사를 가서 살고 있다면 사이타마의 역사를. 홋카이도에서도 오키나와에서도 신주쿠에서도 시부야에서도, 나와 인연이 있는 지역의 역사에 좀 더 흥미를 갖고 깊이 공부하면 뿌리 깊은 교양을 쌓을 수 있습니다. 내가 생활하는 장소가 옛날에는 어떤 곳이었는지를 이해할 수 있습니다. 지역 도서관에 가면 자료는 얼마든지 찾을 수 있을 것입니다. 그러면 지금의 내가 다르게 보이고, 현재의 생활을 점검하게 될 것입니다.

083

어른이 반드시 갖추어야 할

2가지 교양

어른이 교양으로 꼭 갖추어야 할 것이 있다면 단연 역사와 종교라고 생각합니다. 두 가지는 밀접하게 관련되어 있고 인간의 본질을 가르쳐주는 가장 좋은 스승입니다. 여행을 해도 그곳의 역사와 종교를 알고 있으면 얻는 것이 훨씬 많아집니다. 역사에 비해 종교는 홀대당하는 경향이 있지만, 예를 들어 성서는 세계에서 가장 많은 사람이 읽는 책입니다. 초보적인 자료에서부터 스마트폰 앱까지 여러 가지가 있으므로 교양으로서 한 번쯤 읽어보는 건 어떨까요? 아는 만큼 달라지는 것이 인생입니다.

084

잘못해서 태워버린 케이크

제대로 되지 않았던 일은 더 나은 내일을 위한 단서입니다. 잘 끝낸 일보다 실패했던 일을 돌아보는 것에 더 소중한 깨달음이 있습니다. 잘못해서 태워버린 케이크를 계기로 새로운 레시피가 탄생하기도 합니다. '왜 그때 오해를 불러올 말을 했을까?'에 대해 잘 생각해 보면, 그 말을 했을 때 자신에게 부족했던 미덕이 무엇인지 발견하게 되고, 그것을 연마할 수 있습니다. 깨달음을 많이 얻은 사람이 더 행복합니다.

085

멋진 구두쇠 되기

내 지갑에서 나가는 돈은 소비와 낭비와 투자 세 가지입니다. 이 세 가지의 균형을 적절하게 유지합시다. 투자는 미래를 위한 지출입니다. 성과가 나올 때까지 시간이 걸리겠지만 잊지 말아야 합니다. 낭비는 피해야 할 지출이므로 늘 신경을 곤두세워야 합니다. 소비에 대해서도 항상 연구해야 합니다. 자신의 규칙을 만들어야 합니다. 돈과 절친한 사람들을 보면 하나같이 훌륭한 구두쇠입니다. 누군가에게 맛있는 음식을 사 주는 선심도 쓰지만 수수료가 드는 시간에는 절대 ATM을 사용하지 않는 등 자신만의 규칙이 있습니다. 멋진 구두쇠가 되도록 합시다.

086

동식물 관찰하기

동물원이나 식물원에는 아이와 함께 혹은 데이트할 때만 갈 게 아니라, 가능하면 혼자서도 가 봅시다. 뒤뚱거리는 펭귄의 행렬, 하품하는 기린, 처음 보는 남국의 꽃. 혼자일 때 찬찬히 들여다보면 관찰력 훈련이 됩니다. 카메라로 사진을 찍지 마십시오. 자신의 눈으로도 충분히 선명한 화면을 뇌리에 새길 수 있습니다. 이렇게 관찰력을 기르다 보면 생활 속에서도 위험을 재빨리 알아채고 피할 수 있습니다. 나의 도움이 필요해도 말하지 못하는 사람을 내가 먼저 알아차리고 도와줄 수도 있습니다.

087

사전을 찾아보고 읽는 시간

쉽게 읽히는 것과 시각적인 느낌만 강조한 나머지 '짧고 쉬운 글이 좋다'는 풍조가 있는 것 같습니다. 어려운 문장과 단어를 피하는 것은 안타까운 일입니다. 어려운 단어는 그 자체로도 의미가 있고, 배울 점이 많습니다. 때때로 사전을 찾아봅시다. 나의 세계가 넓어질 것입니다. 사전 속엔 세계가 들어 있습니다. 그동안 인류가 쌓아온 발견과 지혜가 사전 속에 있습니다.

088

작은 취미도 전문가처럼

시대는 갈수록 '전문가'를 요구하고 있습니다. 온갖 재주를 다 가진 '올마이티 플레이어'가 요구되던 시대는 바로 얼마 전에 끝났습니다. 자신이 좋아하는 분야를 심도 있게 파고들어 봅시다. 자신의 직업과 관계없는 분야일지라도 혼자만의 재미로 깊이 파고들다 보면 언젠가는 모두를 위해 도움이 되게 할 수 있습니다. 이 또한 사회를 위한 하나의 공헌이며 나를 위한 행복입니다.

089

나이를 잊고 즐겁게

'나이가 들고 보니 모든 면에서 고급스러운 물건 말고는 흥미가 없다'며 값비싼 옷을 입고 세련된 물건을 지니고 취미도 고상한 것에 몰두하는 사람이 있습니다. 그런 사람을 만나면 멋있기는 하지만 왠지 좀 안타깝다는 생각이 듭니다. 오히려 조금은 촌스러워 보일지라도 새로운 것을 시도하는 사람에게 더 끌립니다. '쓸데없는 오지랖'이라는 말을 들었다면 험담이 아니라 '호기심이 왕성하다'는 칭찬으로 받아들입시다. 세상 사람들이 열심히 달려드는 일에 자기도 같이 뛰어들 수 있다는 것은 마음이 젊다는 의미니까요. '나잇살이나 먹어서' 하고 비웃을 게 아니라 나이를 잊고 다 같이 즐겨 봅시다.

090

보물을 손질하듯이

일과 생활 등 모든 것에 대해 일관된 자신의 신념을 갖고 있는 사람은 매력적입니다. 다른 말로 하자면 '자기만의 스타일'을 갖고 있다는 의미겠지요. 스타일은 고정된 게 아닙니다. 보물을 손질하듯이 끊임없이 연마해 가야 합니다. 더 좋은 스타일을 만들면 삶의 질이 좋아지고 사람들로부터 호감도 얻을 수 있고, 더불어 옆 사람 혹은 이 세상과의 관계도 깊어집니다.

091

싫다, 라고 단정하지 말고

잠시 보류해 두기

누구에게나 질색하는 대상은 있습니다. 벌레를 좋아하지 않는 사람도 있겠지요. 그러나 어떤 사람을 '싫어하는 부류'라는 상자에 분류해 버리면 그 사람을 부정하게 되고 마는 것입니다. 인간관계는 언제 어떻게 될지 알 수 없는 것! 오해였음을 깨닫게 되거나 생각지도 않은 일에 도움을 받을 수도 있습니다. '싫다'고 단정하지 말고 잠깐 보류해 둡시다. '마음에 들지 않아' 정도로 분류해 두면 어떨까요? 이런 버릇을 들이면 남을 미워하지 않게 됩니다.

092

내 생각대로
되지 않는 게 정상

'모처럼 외출을 하려고 나섰는데 버스가 늦게 올 건 뭐야!' 이런 식으로 매사에 짜증을 내는 사람이 있는데, 생각해 보면 이상한 일입니다. 원래는 걸어가야 할 곳을 버스로 갈 수 있게 된 것만으로도 기적이고, 시간표대로 운행되는 것도 기적입니다. 원래는 불편한 게 당연한 일입니다. 그러니 뭔가가 생각대로 되지 않는다고 불평하는 것은 어리석은 일입니다. '내 생각대로 되지 않는 게 정상'이라고 받아들이는 게 여러모로 편한 방법입니다.

093

평생을 함께 할
배우자를 선택하려면

평생을 함께 할 배우자를 선택하려면 남자와 여자이기 이전에 좋은 친구가 될 수 있는 상대를 찾읍시다. 시작은 남녀 간의 애정이라도 결혼생활이 오래 되면 뜨거운 감정은 온화한 마음으로 변화합니다. 그럴 때 우정이 싹트지 않는다면 긴 결혼생활은 순조롭지 않을 것입니다. 결혼이 케이크라면 우정은 바탕이 되는 스펀지 빵이고 남녀의 애정은 그 위에 장식된 딸기와 크림입니다. 스펀지 빵으로만 만들어져 있는 케이크는 먹기에는 무난한 맛이지만, 그렇다고 해서 초콜릿 같은 장식만 가지고는 케이크가 될 수 없습니다.

094

첫사랑도,

스치고 지나가는 연애도……

첫사랑도, 훌륭한 사랑도, 무엇과도 바꿀 수 없는 결혼도, 스치고 지나가는 연애도, 남자와 여자의 모든 관계 중에서 가장 아름다운 것은 팔짱을 끼고 다정하게 걸어가는 노부부의 모습입니다. 오랜 세월 다듬어 온 부부의 사랑은 다이아몬드의 아름다움도 아니고 멋진 자동차의 아름다움도 아닙니다. 사람과 사람이 만나 함께 열심히 갈고 닦아 서로를 지켜준 아름다움이야말로 최고의 아름다움이 아닐까요.

095

눈앞에 있는 사람을 사랑하지 않고서

세상을 사랑할 수 있을까요?

세계평화를 생각하는 것은 훌륭합니다. 어려운 지역을 위해 자원봉사를 하는 것도 훌륭한 일입니다. 인류에 대한 사랑과 평화를 위한 공헌도 아주 중요한 일입니다. 하지만 결코 잊어서는 안 되는 것이 있습니다. 가족, 배우자, 자녀, 부모……. 이렇게 가까운 곳에서 사랑과 평화는 시작되어야 합니다. 가장 가까운 곳에 있는 사람들에게 사랑을 쏟고 그 사랑이 넘치고 넘쳐서 이윽고 사회와 세계로 흘러갈 것입니다. 그런 게 본래 의미의 사랑이 아닐까요? 눈앞에 있는 사람을 사랑하지 않고서 세상을 사랑할 수 있을까요?

096

막다른 길에 갇히지 않으려면

살다 보면 불합리한 일은 반드시 일어납니다. 아무 잘못도 없는데 슬픈 일을 겪고 고통에 시달리는 사람도 있습니다. 누군가는 평생 씻을 수 없는 상처를 입기도 합니다. 인간이 어찌 할 수 없는 일은 세상에 널려 있습니다. 그럴 때 길은 세 갈래입니다. 원망하거나 반격하거나 용서하거나입니다. 원망이나 반격으로는 상처를 치유할 수 없고 문제를 해결할 수 없습니다. 막다른 길에 갇히지 않는 길은 용서라는 길뿐입니다. 앞으로 나아가기 위해서는 용서할 수밖에 없습니다.

097

그것이 인생!

'누군가 저어 주겠지' 하고 노에서 손을 떼고 있으면 배는 떠내려 갑니다. 내가 타고 가야 할 배는 나만의 배입니다. 인생의 항로와 키를 누군가에게 떠넘기는 것은 내 삶의 의미와 재미를 포기하는 것과 같습니다. 타인에게 내 배를 끌어달라고 맡기는 것도 어리석은 일입니다. 그의 배도 나의 배도 함께 가라앉아 버릴지도 모르기 때문입니다. 제각기 자신의 몫인 작은 배들을 각자 젓고 함께 나아가는 것, 그것이 인생입니다.

098

살았다는 증거는
다른 이들의 기억뿐

내가 살았다는 확실한 증거는 다른 사람의 기억에 남는 것입니다. 따지고 보면 타인을 위해 얼마나 유익한 삶을 살았는지, 감동을 주었는지에 따라 기억의 여운은 다릅니다. 제아무리 맛있는 요리를 만들었다 해도, 누군가와 나누지 못했다면 안타깝고 서글픈 일입니다. 물건을 만들 때도, 뭔가를 연구할 때도, '이것이 사람들에게 도움을 줄 수 있을까?'를 자문합시다. 그런 다음 행동에 옮기면 언젠가 사람들의 기억에 남을 수 있을 것입니다.

099

이상과 희망을 기록하기

'그런 건 겉치레일 뿐이야. 현실은 그렇지 않아' 하고 생각하거나 말로 할 때가 있습니다. 그 말의 진정한 의미를 모르는 바는 아니지만, 그래도 겉치레 역시 소중합니다. '이렇게 하면 아름답다'라는 이상과 '이렇게 된다면 멋지겠지'라는 희망! 그것이 금방 손에 닿지 않는 꿈일지라도, 어려운 과제라 할지라도, 종이에 써서 남깁시다. 이것만으로도 실체가 있는 것이 되고 언젠가 그대로 실현될지 모릅니다. '겉치레일 뿐이야'라고 하는 건 '실천을 포기하겠습니다'라는 선언입니다.

100

나의 기본
100

001

002

003

004

005

006

007

008

009

010

011

012

013

014

015

016

017

018

019

020

021

022

023

024

025

026

027

028

029

030

031

032

033

034

035

036

037

038

039

040

041

042

043

044

045

046

047

048

049

050

051

052

053

054

055

056

057

058

059

060

061

062

063

064

065

066

067

068

069

070

071

072

073

074

075

076

077

078

079

080

081

082

083

084

085

086

087

088

089

090

091

092

093

094

095

096

097

098

099

100

일의
기본

생활의
기본

100

초판 1쇄 발행 | 2016년 12월 5일
초판 10쇄 발행 | 2023년 9월 27일

지은이 | 마쓰우라 야타로
옮긴이 | 오근영
발행인 | 고석현

주소 | 경기도 파주시 심학산로 12, 4층
전화 | 031-839-6805(마케팅), 031-839-6814(편집)
팩스 | 031-839-6828

발행처 | (주)한올엠앤씨
등록 | 2011년 5월 14일
이메일 | booksonwed@gmail.com